10.11.96

Mit vielen Grüßen

Ihr

[illegible]

Helmut Zöpfl

Dem Leben einen Sinn geben

Helmut Zöpfl

Dem Leben einen Sinn geben

unter Mitarbeit von
Thomas Gottfried und Werner Mitterreiter

rosenheimer

Meinem verehrten Lehrer
Prof. Dr. Georg Pfligersdorffer
zum 80. Geburtstag
in Dankbarkeit gewidmet

Titelbild: Sebastian Schrank, München
Satz und Layout: PrintDesign Felber, Ottobrunn
Druck und Bindung: Ebner Ulm, Graph. Betriebe GmbH & Co. KG

ISBN 3-475-52845-2

Inhalt

Vorwort

Unser gegenwärtiges Zeitalter ist wohl am meisten dadurch gekennzeichnet, daß die Frage nach dem Sinn des menschlichen Daseins immer mehr verdrängt wird. Ich gebe gerne zu, daß es eine recht unbequeme Frage ist und eine Frage, die alles andere als leicht zu beantworten ist. Vielleicht läßt sie sich endgültig überhaupt nie beantworten. Das Gefährlichste aber ist, diese Frage nicht zu stellen, oder besser gesagt, sich ihr nicht zu stellen oder sie zu verdrängen. Viktor Frankl bezeichnet das „Leiden am sinnlosen Leben" und das „abgründige Sinnlosigkeitsgefühl", das „existentielle Vakuum" als die Zeitkrankheit schlechthin. Zu Recht meint Helmut Gollwitzer:

> Die Sinnfrage ist allgegenwärtig; es geht immer zentral um sie. Aber sie entzieht sich, sobald wir sie direkt in den Blick zu nehmen versuchen. Sie ist die Voraussetzung aller anderen Fragen, aber wir können sie aufschieben, aus der ersten in die letzte Frage verwandeln. Sie ist unausweichlich, und doch können wir ihr den Rücken kehren. Sie duldet keinen Aufschub, aber meist wissen wir uns nicht anders zu helfen, als indem wir sie aufschieben. Alles führt zu ihr hin, aber vieles führt von ihr ab. Wir kennen sie alle, aber schon beim Versuch, sie zu formulieren, geraten wir in Streit; denn sie ist das Allgemeinste, aber auch das Besonderste. An ihr zeigt sich, wie wir alle dran sind; aber was einer zu ihr sagt, zeigt, wie er im besonderen dran ist.

Der Mensch ist nun zu allen Zeiten dieser Frage nachgegangen, ja es macht ihn schließlich geradezu zum Menschen, daß er diese Frage stellen kann. Selbstverständlich gibt es keine klare, eindeutige, mathematisch beweisbare Antwort darauf, daß aber diese Frage gestellt werden muß und daß man über Antworten nachdenkt, ist Grundlage jeden menschlichen Daseins. Wer die Frage auf Dauer verdrängt, wird krank, muß sich auf die Flucht begeben oder in die Sucht flüchten.

Ich will in diesem Buch versuchen, mit vielen Beispielen und Geschichten zu arbeiten, ohne meine Antwort aufzudrängen. An vielen Stellen wird ein großes Fragezeichen bleiben, aber ein Fragezeichen ist lebendiger als ein Punkt. Die Geschichten und Gedichte sollen anregen, sich selbst Gedanken zu den angesprochenen Problemen zu machen. Das Buch möchte Wegbegleiter auf der Suche nach dem Sinn werden.
Neben Fragen und Anregungen enthält jedes Kapitel auch eine Zusammenfassung. Diese beginnt jeweils mit einem kurzen Rückblick. Sie bekommen Gelegenheit, Ihre eigenen Gedanken zu ordnen, und werden auf die nächste Thematik eingestimmt.

Kapitel 1

Der Mensch auf der Suche nach sich selbst

„Es gab einmal einen Toren, den man den Golem nannte, so töricht war er. Am Morgen beim Aufstehen fiel es ihm immer schwer, seine Kleider zusammenzusuchen, daß er, am Abend daran denkend, oft Scheu trug, schlafen zu gehen. Eines Abends faßte er sich schließlich ein Herz, nahm Zettel und Stift zur Hand und verzeichnete beim Auskleiden, wo er jedes Stück hinlegte. Am Morgen zog er wohlgelaunt den Zettel hervor und las: ‚die Mütze', hier war sie, er setzte sie auf, ‚die Hosen', da lagen sie, er fuhr hinein und so fort, bis er alles anhatte. ‚Ja, aber wo bin ich denn?' fragte er sich nun ganz bang. ‚Wo bin ich denn geblieben?' Umsonst suchte er, er konnte sich nicht finden. So geht es uns", sagte der Rabbi.

(Buber, M.: Die Erzählungen des Chassidim. Zürich 1949, S. 837)

Kinderfragen

„Was bin ich?“ – „Woher komme ich?“ – Fragen, die sich jeder Mensch schon einmal gestellt haben wird, und die man vielleicht überhaupt als „typisch menschliche“ Fragen bezeichnen muß. Gerade Kinder stellen sie oft mit einer bemerkenswerten Klarheit und Schärfe, von der wir Erwachsenen manchmal lernen könnten. Die folgende kurze Geschichte „Besuch eines Freundes“ illustriert das beispielhaft:

Jedes Jahr um die Weihnachtszeit bekamen wir Besuch von meinem verehrten, leider inzwischen verstorbenen Lehrer und Freund, dem großen Philosophen Max Müller. Als er uns das vorletzte Mal besuchte, war meine Tochter Andrea sieben Jahre alt. Bis dahin hatte Andrea nie gefragt, wer dieser Max Müller sei. Dieses Mal aber interessierte sie sich dafür:
„Sag einmal, Papa, wer ist denn dieser Professor Müller eigentlich?“
Ich erklärte ihr, daß er ein Philosoph sei. „Das“, meinte ich, „ist ein sehr gescheiter Mann, der Antworten auf alle möglichen Fragen sucht.“
„Meinst du, Papa, der antwortet mir dann auch auf meine Fragen?“ wollte Andrea wissen.
„Versuch es halt“, ermunterte ich sie.

Als dann Max Müller eingetroffen war, begrüßte sie ihn freundlich, rückte aber nicht mehr aus meiner Nähe und meinte nach einiger Zeit: „Papa, kann ich ihn jetzt etwas fragen?“
„Freilich“, sagte ich, „probier's mal.“
„Hm“, begann Andrea, „können Sie mir bitte sagen, woher ich komme.“
Der Philosoph schaute die kleine Andrea groß an und meinte dann, daß im Hause Zöpfl offenbar Aufklärungsunterricht zu betreiben sei. Etwas ungeschickt versuchte

er zu antworten: „Nun, weißt du - aahh - du warst einmal einige Zeit im Bauch deiner Mama."
„Ja, ja, das weiß ich schon. Das haben mir meine Eltern schon gesagt. Aber ich möchte wissen, wo ich vorher war."
„So", sagte der Philosoph. „Tja", überlegte er, „Andrea, das ist eine sehr, sehr gescheite Frage. Wenn du so fragst, muß ich dir sagen, daß du ein Gedanke beim lieben Gott warst". Und jetzt kam der Philosoph Max Müller zum Vorschein, der meinte, hier seine wissenschaftliche Redlichkeit beweisen zu müssen, indem er noch hinzufügte: „Beim lieben Gott, wenn es ihn gibt."
Die Antwort schien meine Tochter überhaupt nicht zu befriedigen, vor allem der letzte Satz. Sie schaute mich groß an, und ich wandte mich Max Müller zu: „Also weißt du, Max, unsere Andrea ist christlich erzogen, und jetzt hast du nichts Besseres zu tun, als ihr schon früh die ersten Glaubenszweifel beizubringen." Er sah mich betroffen an, offensichtlich verstand er die leise Ironie nicht, und erwiderte: „Oh je, ich bin halt ein schlechter Pädagoge. Entschuldige bitte, so habe ich es natürlich nicht gemeint. Ich werde es das nächste Mal besser machen."

Eigentlich hatte ich geglaubt, daß Andrea dieses kurze Frage- und Antwortspiel vergessen hätte, da bekam ich nach Monaten einen Brief von Max Müller. Ich zeigte ihr den Absender und fragte: „Kannst du dich noch daran erinnern, wer dieser Max Müller ist?"
„Ja, selbstverständlich", antwortete Andrea. „Das ist der Mann, der auf meine Frage so unlogisch geantwortet hat."
Ich mußte natürlich lachen, denn ich hatte noch nie erlebt, daß der scharfsinnige Philosoph Max Müller von jemandem als „unlogisch" bezeichnet worden wäre.

Der Vorfall schien nun wirklich vergessen, bis wir im Sommer auf einer Reise Max Müller besuchten. Dabei zeigte er uns seine Wohnung, die er nach dem Tod seiner

geliebten Frau Gisela alleine bewohnte. Andrea schaute sich alles ganz genau an. Als wir dann wieder im Auto saßen, sagte sie zu mir: „Papa, jetzt weiß ich, warum."
„Was weißt du?" fragte ich.
„Jetzt weiß ich, warum Professor Müller das gesagt hat."
„Was?" fragte ich erneut.
„Du hast doch selber gesagt, daß er ein so gescheiter Mann ist, und dann hat er das mit dem lieben Gott gesagt."
„Was?" wollte ich wissen.
„Ja, ob es ihn überhaupt gibt."
„Ach so", sagte ich, „und was weißt du jetzt?"
„Hast du dich in der Wohnung gut umgeschaut?" fragte sie.
„Ich glaube schon."
„Dann hast du sicher gesehen, daß er überall Bilder von seiner Frau hängen hat."
„Ja", antwortete ich.
„Und gell", fuhr sie fort, „die hat er doch sehr gern gehabt."
„Ja, sehr gern", bestätigte ich. „Wirklich sehr gern."
„Und die ist plötzlich gestorben?"
„Ja."
„Dann ist es ja eigentlich klar", stellte sie fest.
Mir war nicht klar, was sie meinte.
„Dann ist es doch eigentlich klar", wiederholte sie, „daß er sich schwertut, daß er zum lieben Gott ‚lieber' Gott sagt."

Zum Nachdenken und Weiterdenken

Überlegen Sie, welche Antworten Sie Andrea gäben. Welche Antworten haben Sie von Ihren Eltern bekommen?

Vielleicht sollten wir Erwachsenen uns einmal überlegen, ob es nicht auch uns weiterbringt, wenn wir uns ganz bewußt Zeit nehmen für die Fragen unserer Kinder – so wie ich das in meinem Gedicht „Frag weiter nur" zum Ausdruck gebracht habe:

Wie tief ist das Meer,
und wie hoch ist der Berg?
Wie groß ist ein Riese,
und wie klein ist ein Zwerg?
Warum schauen Menschen
verschieden oft aus?
Wo wohnen die Wolken,
wo sind sie zu Haus?
Warum blühn die Blumen,
wenn sie wieder verblühn?
Wohin geht die Zeit,
sag mir, wohin?
Warum gibt es Krieg?
Warum gibt es Streit?
Warum lernen Menschen
nicht mit der Zeit?
Warum hungern Menschen
noch auf der Welt?
Warum fehlt's dem Armen
am kleinsten Stück Geld?

Fragen auf Fragen
an mich jeden Tag.
Doch ich freu' mich, mein Kind,
frag weiter nur, frag!
Ich geb' dir gern Antwort.
Manchmal weiß ich Bescheid.
Doch weiß ich nicht alles,
mein Kind, tut mir leid.

Vom Fragen

Das Fragen ist die Frömmigkeit des Denkens.
(Heidegger)

Wer kennt ihn nicht, den alten Witz: Der kleine Franzl darf das erste Mal mit seinen Eltern München besuchen. Und kaum ist er in der Stadt, beginnt er seinen Vater zu fragen: „Du, Papa, was ist denn das für ein Platz?"
„Der Platz da, das weiß ich leider nicht!"
„Du und, Papa, die Schule da auf dem Platz?"
„Das ist die Dings, die ... ah, ich weiß es leider nicht so genau."
„Und der Brunnen da?"
„Das weiß ich jetzt momentan auch nicht."
„Und schau, da tanzen oben irgendwelche Figuren, schau hin, wer sind denn die?"
„Ah ja, das ist das, ah das ... Weißt du, das wird zur Erinnerung an das, wie heißt's denn gleich wieder, aufgeführt. Im Jahre, ah, ich hab's schon mal gewußt, ist es gewesen, damals halt."
Da wird es der Mutter zu dumm, und sie sagt: „Geh, Franzl, laß halt dem Papa einmal seine Ruh' und frag nicht dauernd!"
„Macht doch nichts, Mama", meint dieser besänftigend, „laß ihn nur fragen, den Buben, damit er was lernt."

Auch wenn die Antworten in dieser Geschichte nicht gerade eine großartige Wissensbereicherung für den kleinen Franzl gebracht haben mögen, so ist doch wenigstens Papas Reaktion eine liebenswerte. Denn dieses „Laß ihn nur fragen" ist eigentlich gar nicht so selbstverständlich in der Erziehung. Oft ist es auch wirklich viel, was kleine Kinder wissen wollen: Wie das und jenes heißt, und wieso das so heißt, warum dieses so ist und nicht anders, wozu dies gut ist und jenes, weshalb man das tun müsse und das andere nicht tun dürfe und so weiter. Wenn man gar abgespannt ist, kann es schon sein, daß einem die Fragen irgendwann einmal ein bißchen lästig werden. Doch wäre es das Verkehrteste in der Erziehung, wollte man die Fragen des Kindes abblocken. Ich halte es für eines der großartigsten Erlebnisse, wenn Kinder beginnen, sich diese Welt fragend zu erobern, wenn das Fragen aus ihnen geradezu herausbricht.

Bei der Suche nach dem Wesen des Menschen stoßen wir immer wieder auf die Antwort, daß der Mensch das Geschöpf ist, das fragen kann und muß. Tiere fragen nicht. Dem Menschen ist von Natur aus alles fraglich, auch sein Sinn ist ihm nicht einfach vorgegeben, sondern als Frage aufgegeben. Haben Sie schon einmal ganz bewußt die oft tiefgründigen Fragen eines Kindes verfolgt? Da werden neben den Fragen nach den Namen der Dinge dieser Welt auch Fragen gestellt, welche die tiefsten Grundprobleme des Menschen berühren. Grund und Gründe werden ebenso erfragt wie Begründungszusammenhänge. Der Philosoph Karl Jaspers hat geradezu von einer ursprünglichen philosophischen Fähigkeit des Kindes gesprochen:

> Ein wunderbares Zeichen dafür, daß der Mensch als solcher ursprünglich philosophiert, sind die Fragen der Kinder: Gar nicht so selten hört man aus Kindermund, was dem Sinne nach unmittelbar in die Tiefe des Philosophierens geht. Ich erzähle ein Beispiel: Ein Kind läßt sich bei einem Spaziergang angesichts einer Waldwiese Märchen erzählen von den Elfen, die dort nächtlich ihre Reigen aufführen ... „Aber die gibt es doch gar nicht.“..
> Man erzählt ihm nun von Realitäten, beobachtet die Bewegung der Sonne, erklärt die Frage, ob sich die Sonne bewege oder die Erde sich drehe, und bringt die Gründe, die für die Kugelgestalt der Erde und ihre Bewegung um sich selbst sprechen.
> „Ach, das ist ja gar nicht wahr“, sagt das Mädchen und

stampft mit dem Fuß auf den Boden, „die Erde steht doch fest. Ich glaube doch nur, was ich sehe."
„Dann glaubst du nicht an den lieben Gott, den kannst du doch auch nicht sehen."
Das Mädchen stutzt und sagt dann sehr entschieden: „Wenn er nicht wäre, dann wären wir doch gar nicht da."
Dieses Kind wurde ergriffen von dem Erstaunen des Daseins: Es ist nicht durch sich selbst. Es begriff den Unterschied des Fragens: ob es um einen Gegenstand in der Welt geht oder um das Sein und unser Dasein im ganzen.
Ein anderes Mädchen geht zum Besuch eine Treppe hinauf. Es wird ihm gegenwärtig, wie doch alles immer anders wird, dahinfließt, vorbei ist, als ob es nicht gewesen wäre. Aber es muß doch etwas Festes geben können ..., daß ich jetzt hier die Treppe zur Tante hinaufgehe, das will ich behalten. Das Staunen und Erschrecken über die universale Vergänglichkeit im Hinschwinden sucht sich einen hilflosen Ausweg.

Kinder besitzen fragend oft geradezu eine Genialität, die teilweise im Erwachsenenalter verlorengeht. In der ‚Times' stand einmal das schöne Bild: „Ein Kind ist eine Insel der Neugier, umflutet von Fragezeichen."
An den Fragen des Kindes muß sich unser Erzieherdasein immer wieder neu bewähren, denn so fragend sich das Kind auch seiner Welt zuwendet, so vertrauensvoll nimmt es auch unsere Antwort entgegen. Wenn man dann ein Kind fragt, woher es dies oder jenes weiß, dann kommt meist als selbstverständlich angenommene Begründung: „Das hat mir meine Mami (oder mein Papi) gesagt."
Mamas und Papas, aber auch Lehrer können und brauchen nicht alles zu wissen (ein bißchen mehr vielleicht schon als der Papa in unserer Geschichte), aber sie sollten sich um Wissen bemühen, selber wieder Fragende und Entdeckende werden. Sie sollten bei ihren Antworten ehr-

lich sein und auch zugeben, daß es Grenzen gibt, an denen man mit seinem Wissen am Ende ist, Probleme, die zu lösen man von der Frage her den Sprung in den Glauben wagen muß.

Zum Nachdenken und Weiterdenken

Fallen Ihnen typische Fragen nach dem „Woher" ein, die Kinder immer wieder stellen?
Können Sie sich an Fragen erinnern, die Sie als Kind in dieser Richtung gestellt haben?

Ich bin's

Das kleine Kind dort auf dem Bild,
das mit dem Teddybären spielt,
das Kind dort mit dem runden Kopf,
das Kind dort mit dem blonden Schopf,
es geht mir gar nicht aus dem Sinn,
daß ich das mal gewesen bin.
Und wenn ich mal nach langer Zeit
ein Bild betrachte, wie ich heut
und jetzt im Augenblick ausschau',
dann werde ich wohl ganz genau
so denken: War das wirklich ich?
Wie hab' ich bloß verändert mich!
Und doch bin ich nach Tag und Jahr
stets immer der noch, der ich war.
Die Zeit vergeht, die Zeit verrinnt:
aus einem Baby wird ein Kind,
und aus dem Kind wird irgendwann
mal eine Frau oder ein Mann.
Und doch: jung, alt, groß oder klein –
ich bin's, ich war's, ich werd' es sein.

Angefangen hatte das Ganze – wie so oft – an einem Abend im Volkart-Eck. Sie hatten sich am Stammtisch über die neueste Situation der Bundesliga unterhalten, und der Alfons hatte gemeint, daß der FC Bayern dieses Jahr statt sechs Mittelfeldspielern doch lieber einen knallharten Verteidiger und einen treffsicheren Mittelstürmer, wie einst den Gerd Müller, vor allem aber einen Ersatztorwart hätte verpflichten sollen. Der Zirngibl brachte seine Kritik am TSV 1860 an, indem er meinte: „Was meinst du, was wir jetzt für eine Mannschaft hätten, wenn die alle noch bei uns spielen würden, die wir damals für ein Butterbrot haben laufen lassen?"
Der Pfanzelt Max aber saß schon seit ein paar Minuten da und schüttelte den Kopf. Jetzt erst fiel es dem Alfons auf. „Was ist denn? Stimmt es vielleicht nicht?" fragte er ihn. Der Max gab keine Antwort. Kurze Zeit später zahlte er und ging heim, wobei er noch vor sich hinmurmelte: „Wo kommt der Mensch bloß her?"
„Was hat er gesagt?" fragte der etwas schwerhörige Eisenhofer Georg den Alfons. „Ich habe es auch nicht genau gehört", meinte er, „ich glaube, er hat gefragt, wo der Mensch herkommt."
„Was?" fragte der nochmals zurück.
„Wo der Mensch herkommt, will er wissen. Du kennst ihn doch, den Pfanzelt Max, heute sinniert er scheinbar wieder über das Leben", antwortete ihm der Alfons Igerl.

Irgendwie beschäftigte ihn aber dann diese Frage des Pfanzelt auf dem Nachhauseweg intensiver. Was der Pfanzelt Max wohl mit dieser Frage gemeint hatte? Er würde ihn beim nächsten Stammtisch fragen. Aber da fiel ihm ein, daß der Max ja jetzt vier Wochen gar nicht zu erreichen wäre, weil er sich doch ab morgen in Kur in Bad Füssing, bei seinem Freund, dem Eckbauer Helmut, befinde.

In der Nacht träumte ihm dann, wie so oft, von der Schule, und er hörte ganz deutlich, wie ihn sein Lehrer Löwenik fragte: „Alfons, sag mir, woher kommt der Mensch?“ Igerl stand im Traum da wie ein begossener Pudel, aber es fiel ihm nichts ein. „Setzen, Igerl, fünf“, schimpfte der Lehrer – als der Alfons in der Schule war, gab es nämlich noch keine Sechser.
Als er aufwachte, war sein erster Gedanke wieder diese Frage, woher der Mensch wohl komme, und er schaute sich zunächst einmal ein bißchen in seiner eigenen Hausbibliothek um. Als erstes fiel ihm ein altes Aufklärungswerk in die Hände, das er einmal in früheren Jahren errötend gelesen hatte. Aber das wußte er ja nun eigentlich, wie das war, das mit der Zeugung, dem Eisprung, dem Embryo und den neun Monaten. Das war wohl nicht die Antwort, die er sich gewünscht hatte.

Er wollte der Sache auf den Grund gehen, und so vertiefte er sich jetzt in ein biologisches Werk, auf das im Lexikon mit dem Stichwort Genetik verwiesen wurde. Mühsam kämpfte er sich durch einige Kapitel und erfuhr wieder, was er schon fast vergessen hatte, wie das mit den X- und Y-Chromosomen ist und den Mendelschen Gesetzen. Besonders interessierte ihn, daß dieser Mensch beim Bohnenzüchten auf diese genetischen Fragen gestoßen war, wo er selbst doch in seinem Heimgarten immer so schöne Bohnen erntete. Aber er hatte bei der Ernte eigentlich nie an Chromosomen und Genetik, sondern schon eher an den guten Bohnensalat gedacht, den er daraus machte. Auch die Antwort, die er aus diesem Buch bekam, befriedigte ihn nicht ganz, und so ging er der Sache immer weiter auf den Grund, zumindest versuchte er es.
Zunächst einmal setzte er sich mit den Fragen der Evolution auseinander. Er befaßte sich mit Darwin, holte sich aus der Bibliothek Bücher über die Urmenschen, den Neandertaler, und las sich etwas an von dem fehlenden Zwi-

schenglied, dem Homo sapiens. Dann ging er sogar noch weiter und blätterte in Büchern herum, in denen er etwas über die Entstehung des Lebens auf unserem Planeten erfuhr. Zwischendurch machte er sich seine eigenen Gedanken. Wenn man sich vorstellt, so überlegte er, was sich alles von jenem mysteriösen Urknall an, von dem er jetzt auch gelesen hatte, getan hat. Wie sich unsere Milchstraße, dann unser Sonnensystem mit unserem Planeten Erde entwickelt hat; wie es gekommen ist, daß ausgerechnet auf diesem Planeten Leben entstanden ist. Wie viele Lebewesen inzwischen schon wieder ausgestorben sind und was jetzt übriggeblieben ist. Ausgerechnet ich, beispielsweise, überlegte er und schaute sich nachdenklich im Spiegel an, bin so eines dieser Produkte dieses Knalls. Vielleicht kommt es davon, kicherte er vor sich hin, daß man bei einigen Leuten sagt: „Da schau dir den an, der hat einen Knall".
Wahrscheinlich sind das die letzten Nachwirkungen des Urknalls. Er werde das, merkte er sich vor, bei nächster Gelegenheit einem seiner Freunde sagen, wenn dieser gerade einmal wieder verrückt spielen würde.

Auf seiner Suche nach dem, woher der Mensch kommt, stellte er dann auch geschichtliche Überlegungen an und trieb so nebenbei ein wenig Ahnenforschung: Woher die Igerls wohl stammen? Überhaupt, wie das mit den Germanen gewesen ist. Er las über die verschiedenen Thesen der Einwanderungen der Bayern nach, befaßte sich sogar intensiver mit der Bayerischen Geschichte und dachte wieder nach, wie es wohl gekommen ist, daß ausgerechnet er, Alfons Igerl, jetzt da sitzt und etwas nachliest. Was wäre wohl passiert, überlegte er sich, wenn beispielsweise bei der Einwanderung irgendein Bajuware ausgerutscht wäre und sich den Fuß gebrochen hätte. Das ist aber nicht passiert, und deswegen konnte er weitermarschieren, und ausgerechnet dieser ist vielleicht mein Urururgroßvater geworden. Oder wie haben sich denn meine Ururur-

ahnen kennengelernt? Vielleicht war das bei irgendeinem Zunftfest. Der Alfons überlegte, wie das gewesen sein mag, als sich damals seine Ururururgroßmutter und sein Ururururgroßvater bei einem Zunftfest im Mai begegnet sind, Gefallen aneinander gefunden und dann für den nächsten Tag eine Verabredung getroffen haben. Wie er seinerzeit auf dem Oktoberfest mit der Schmalz Mausi unter der Normaluhr. Aber die Mausi ist viel zu spät gekommen, und er hat nicht gewartet und dann eine Wut gehabt, so ist's nichts geworden mit ihr. Wenn so etwas damals im Anschluß an dieses Zunftfest auch passiert wäre, überlegte er, wäre ich ja gar nicht auf der Welt. Wie viele solcher Begegnungen mögen wohl stattgefunden haben, daß ausgerechnet ich, der Alfons, das Licht der Welt erblicken hab' dürfen.
Er ging mit seinen Gedanken etwas mehr in die Neuzeit hinein. Was wäre wohl passiert, wenn seine Großeltern oder Eltern auch so viel ferngesehen hätten wie die Leute heutzutage? Sie hätten sich dann vielleicht irgendeinen Sexfilm auf RTL angeschaut und wären im Theoretischen oder Visuellen hängengeblieben. Und auch dann wäre es nichts mit mir, dachte er, eigentlich schon ein Glück, daß es so und nicht anders gekommen ist. Denn, wenn er auch manchmal vor sich hingrantelte und auf die Zeit und manches Unerfreuliche schimpfte, im Grunde genommen lebte der Alfons recht gerne. Und er war eigentlich recht dankbar, daß sein Leben in dieser langen Geschichte nicht schon bei seinen Vorfahren gescheitert ist.

Igerls Gedanken gingen immer weiter. Der Antwort auf die eigentliche Frage, woher der Mensch kommt, war er auf diese Weise wohl doch nicht nahegekommen. Das mit der Evolution befriedigte ihn auch nicht so ganz, denn er überlegte sich, wie das damals genau gewesen sein mag, als der Affe zum Menschen geworden ist. Ob das wohl allmählich passiert oder ob plötzlich etwas ganz anderes entstanden ist? Er erinnerte sich nun auch an seine Religionsstunden und daß der Pater Steck am Sonntag ein paarmal in der Predigt erklärt hatte, daß man das natürlich in der Bibel nicht ganz so genau nehmen dürfe und alles mehr oder weniger in Bildern geschrieben sei. Es sei auch, hatte Pater Steck gesagt, gar kein so großer Widerspruch zu dem, was die Naturwissenschaftler sagen.

Igerl las jetzt sogar einmal im Alten Testament in der Genesis die Stelle nach, wie Gott den ersten Menschen, den Adam, erschaffen hat. Plötzlich mußte er lachen, denn ihm fiel ein Spruch von Mark Twain ein: „Gott hat den Menschen erschaffen, weil er vom Affen enttäuscht war. Danach verzichtete er auf weitere Experimente." Aber wie war denn das wirklich mit dem ersten Menschen? Vielleicht war der Affe, der zuerst einmal gesagt hatte „Mein Gott, ich bin ein Affe", weil ihm zu Bewußtsein gekommen war, daß er etwas falsch gemacht hatte, der erste Mensch. Und war nicht auch der Spruch „Als Gott den Menschen schuf, war er bereits müde, das erklärt manches" von Mark Twain? Igerl überlegte weiter. Ist dieser Mensch nun wirklich die Krone der Schöpfung? Irgend jemand, so fiel ihm ein, hat einmal gesagt, wohl eher die Dornenkrone. Wenn man an das denkt, was die Menschen schon alles angestellt haben, muß man ihm fast recht geben mit diesem Spruch. Manchmal scheint es so, als sei der Mensch das einzige Lebewesen, das sich für einen Menschen hält.
Igerl fand auf seiner Suche nach dem, was der Mensch ist und was ihn von anderen Lebewesen unterscheidet, noch so schöne Sprüche wie: „Der Mensch ist das einzige Lebewesen, das von sich eine schlechte Meinung hat". Dieser Satz stammt von George Bernard Shaw. Und schließlich noch einmal eine Aussage von Mark Twain: „Der Mensch ist das einzige Tier, das erröten kann oder muß".

Igerls Wissensdurst war aber noch lange nicht gestillt. Er besorgte sich sogar einige philosophische Bücher und las, daß man den Menschen auch als instinktarmes Mängelwesen bezeichnen könne, daß er eigentlich eine Frühgeburt sei und deshalb im Gegensatz zu den Tieren erzogen werden müsse. Aber woher der Mensch nun eigentlich kommt und was er ist, darauf wußte er noch immer keine genaue Antwort. Vielleicht wußten es die Dichter? Er las das schöne Gedicht von Matthias Claudius „Empfangen und genähret vom Weibe wunderbar, kömmt er und sieht und höret und nimmt des Trugs nicht wahr". Und am Schluß heißt es doch dann: „... und alles dieses währet, wenn's hochkommt, achtzig Jahr'. Dann legt er sich zu seinen Vätern nieder, und er kömmt nimmer wieder".

Besonders beschäftigte Alfons aber immer wieder die Frage, wo nicht nur der Mensch, sondern wo er selbst herkomme. Ja, er wußte es schon, von seinen Eltern, das ist ja wohl klar, von seinem Vater, dem Franz Xaver Igerl, und von seiner Mutter, Maria Anna Igerl. Die Namen seiner Großeltern wußte er auch noch. Aber war damit schon die Frage nach seiner Herkunft beantwortet? Wo war er denn, als sich seine Eltern noch nicht einmal getroffen hatten? Als Kind hatte man ihm auf die Frage immer gesagt: „in Abrahams Wurstkessel". Interessant, überlegte er sich, daß schon die Kinder diese Frage beschäftigt. Und was wäre wohl passiert, wenn Franz Xaver Igerl vielleicht eine andere geheiratet hätte als die Maria Anna, oder die Maria Anna einen anderen? Liefe er dann bloß als halbes Ich herum oder wäre ein anderer an seiner Stelle? Wer dann wohl am Stammtisch säße, überlegte er nicht sehr tiefschürfend, oder wer beim Schafkopfen der vierte Mann wäre? Hoffentlich nicht der Irrgang Wolfi, denn der macht ja schon beim Zuschauen Fehler. Irgendwo hatte er einmal gelesen, daß ein gewisser Platon angenommen hatte, jeder Mensch existiere seit Ewigkeit als Idee und schlüpfe dann lediglich in einen Körper, wenn er geboren beziehungsweise gezeugt werde. Dann würde mich interessieren, überlegte er, wer die Idee gehabt hat,

daß ich, Alfons Igerl, ausgerechnet in der Volkartstraße geboren werden soll. Ob das jetzt wohl eine ganz normale oder eine recht ausgefallene Idee war?
Irgendwann beschäftigte er sich sogar mit der Reinkarnation, der Lehre von der Wiedergeburt, das, was die Hinduisten glauben und jetzt auch viele bei uns, wie er letzthin in der Zeitung gelesen hatte.
Manche könnten sich sogar ganz genau an frühere Ereignisse in ihrem vorhergehenden oder vorvorhergehenden Leben erinnern. Aber auch diese Frage führte ja immer weiter, überlegte er sich, denn irgendeinmal muß es ja auch einen Ur-Igerl gegeben haben, und von wem kommt der dann her? Außerdem glaubt man ja in manchen Religionen, daß man nicht nur als Mensch gelebt habe, sondern vielleicht sogar als Tier, oder daß man gar einmal als eine Pflanze irgendwo geblüht habe. Als urzeitlicher Schachtelhalm vielleicht. Bloß, ob ich das auch dann war, wenn ich nicht weiß, daß ich das gewesen bin, überlegte er. Wenn ich schon einmal gelebt habe und nicht weiß, daß ich das war, und wenn ich irgendwann einmal wieder leben werde und auch nicht weiß, daß ich das sein werde, ob mir das dann persönlich was bringt oder ob's nicht egal ist, ob dann gleich jemand anderer für mich auf die Welt kommt. Beim Durchblättern eines Kalenders fiel ihm das Gedicht in die Hand:

Ich bin und weiß nicht wer.
Ich komm', weiß nicht woher.
Ich leb', weiß nicht wie lang.
Ich sterb' und weiß nicht wann.
Ich fahr', weiß nicht wohin,
mich wundert, daß ich fröhlich bin.

Lange Zeit grübelte er über diesem Spruch, dann sagte er ein ganz schlichtes „Stimmt eigentlich". Und er erinnerte sich an einiges, was ihm sein alter Religionslehrer Hermann Schneller immer wieder erzählt hatte. Daß halt im-

mer im menschlichen Leben ein paar Fragezeichen am Anfang und am Ende stehen, auch wenn man sich den Kopf noch so zerbricht. Der schöne Spruch des alten Sokrates fiel ihm ein, der gesagt hatte, daß er nur eines sicher wisse, daß er nichts wisse. Und auch der Satz von unserem Dichterfürsten Goethe, den sie damals in das Religionsheft geschrieben hatten: „Der Glaube ist nicht der Anfang, sondern das Ende allen Wissens." Es reute den Alfons aber nicht, daß er sich so intensiv mit all diesen Fragen beschäftigt hatte. Das verdankte er eigentlich jener so gescheiten Frage des Pfanzelt Max, überlegte er. Irgendwie ist hinter dem Max doch mehr, als die meisten vermuten. Er hatte ihm also offensichtlich doch manchmal unrecht getan, wenn er ihn immer wieder als bloßen „Hallodri" eintaxiert hatte. Jetzt freute er sich schon, daß er mit dem Max einmal in einer ruhigen Stunde einen Erfahrungsaustausch über die tiefgründige Frage, die Urfrage des Menschen schlechthin, starten könne. Und er sah sich und den Max bei einem einsamen Spaziergang im Herbst, wenn die Blätter fallen und man ohnehin nachdenklicher wird, möglicherweise sogar im südlichen Friedhof, miteinander reden. Heut abend wollte er ihm den Vorschlag machen.
Der Max war tatsächlich von seiner Kur wieder zurück, und Igerl ging gleich auf ihn zu: „Du, Max", begrüßte er ihn, „ich habe wirklich viel über die Frage nachgedacht, die du uns zum Abschluß gestellt hast."
„Was für eine Frage?" wollte Max wissen.
„Ja, weißt du das nicht mehr? Bei unserem letzten Stammtisch, bevor du dann zur Kur nach Bad Füssing gefahren bist."
„Ich kann mich an nichts mehr erinnern", antwortete Max kopfschüttelnd, „hilf mir doch ein bißchen."
„Ja, weißt du es nicht mehr?" fragte ihn Alfons. „Ich glaube, wir haben uns über Fußball unterhalten, und du warst ganz geistesabwesend und hast immer nur gesagt: ‚Woher kommt bloß der Mensch?'"

„Ach ja, jetzt weiß ich es wieder“, strahlte der Pfanzelt Max, „jetzt weiß ich es sogar ganz genau. Wir haben doch damals über den Gerd Müller gesprochen, und mir ist es an dem Abend absolut nicht mehr eingefallen, woher er gekommen ist, bevor er beim FC Bayern Torschützenkönig wurde. Inzwischen weiß ich es aber wieder ganz genau, vom TSV Nördlingen ist er gekommen. Stimmt doch, oder?“

Zum Nachdenken und Weiterdenken

In dieser Geschichte wird der heitere Versuch unternommen, der Frage nachzugehen, woher der Mensch kommt. Überlegen Sie, welche Antworten Sie bisher auf diese Frage bekommen haben.

Der Mensch, das Maß aller Dinge?

Der Mensch kennt alle Dinge der Erde,
aber den Menschen kennt er nicht.
(Jeremias Gotthelf)

Eine kleine Auswahl von teilweise witzigen und überspitzten Aussprüchen soll zeigen, wie immer wieder versucht wurde und wird, eine Bestimmung dessen, was der Mensch ist, zu geben:

Was ist der Mensch? Ein hohler Darm, mit Furcht und Hoffnung angefüllt. - Daß Gott erbarm!
(Johann Wolfgang von Goethe)

Der Mensch ist ein zweibeiniges Lebewesen ohne Federn.
(Platon)

Der Mensch ist ein Raubtier mit Händen.
(Oswald Spengler)

Der Mensch ist ein Tier, das Werkzeuge benutzt.
(Thomas Carlyle)

Der Mensch ist nur ein Schilfrohr, das schwächste in der Natur, aber ein Schilfrohr, das denkt. *(Blaise Pascal)*

Du bist Erde und sollst Erde werden.
(Altes Testament)

Staub und Schatten sind wir. *(Horaz)*

Der Mensch: das denkende Tier. *(Ludwig Klages)*

Der Mensch ist im Grunde Begierde, Gott zu sein.
(Jean-Paul Sartre)

Der Mensch ist die Krone der Schöpfung.

(Altes Testament)

Der Mensch ist die Dornenkrone der Schöpfung.

(Stanislaw Jerzy Lec)

Der Mensch ist das einzige Lebewesen, das von sich eine schlechte Meinung hat.

(George Bernard Shaw)

Das größte Wunderding ist doch der Mensch allein.
Er kann, nachdem er's macht, Gott oder Teufel sein.

(Angelus Silesius)

Mensch: das Tier, das sich vervollkommnen kann.

(Immanuel Kant)

Der Mensch ist das Maß aller Dinge. *(Protagoras)*

Der Mensch ist das Modell der Welt. *(Leonardo da Vinci)*

Der Mensch ist das Geschöpf, das sich langweilt.

(Werner Sombart)

Der Mensch stammt vom Affen ab. Der eine mehr, der andere weniger. *(Werner Mitsch)*

Der Mensch ist das einzige Wesen, das sich nicht gewachsen ist. *(Hans Kudszus)*

Mensch, das aus sich selbst heraus gefährdete Wesen.

(Nicolai Hartmann)

Der Mensch ist das einzige Tier, das erröten kann – oder muß. *(Mark Twain)*

Eine recht amüsante „Bestimmung“ des Menschen finden wir bei Johann Nestroy in dem Stück „Die schlimmen Buben in der Schule“, in dem er den Willibald folgendes sagen läßt:

> Der Mensch ist das Wesen, welches die oberste Stufe in der Schöpfung einnimmt, welches sich sogar für das Ebenbild Gottes ausgibt, worüber sich jedoch Gott nicht sehr geschmeichelt fühlen dürfte ... Der Mensch ist ... ein Säugetier, denn er saugt auch sehr viele Flüssigkeiten in sich, das Männchen Bier und Wein, das Weibchen Kaffee. Der Mensch ist aber auch ein Fisch, denn er tut Unglaubliches mit kaltem Blut und hat auch Schuppen, die ihm plötzlich, aber doch – gewöhnlich zu spät – von den Augen fallen. Der Mensch ist ferner auch ein Wurm, denn er krümmt sich häufig im Staube und kommt auf diese Art vorwärts. Der Mensch ist nicht minder ein Amphibium, welches auf dem Land und im Wasser lebt, denn mancher, der schon recht im Wasser ist, zieht noch ganz nobel aufs Land hinaus. Der Mensch ist endlich auch ein Federvieh, denn gar mancher zeigt, wie er a Feder in die Hand nimmt, daß er ein Viech ist.

Die Sammlung der Aussprüche ließe sich fortsetzen: eine verwirrende Fülle! Sehen wir da eigentlich Gemeinsamkeiten in der Aussage? Immer wieder heißt es: „Der Mensch ist das Tier, das ...“
Was hebt nun den Menschen wirklich vom Tierreich und der übrigen Natur ab? Hebt ihn überhaupt etwas ab? Dazu nochmals ein Zitat: Der Mensch ist ein Tier; er ist ein Tier höherer Gattung, welches sich von anderen Tieren dadurch unterscheidet, daß es sich von ihnen unterscheidet. (Hugo Grotius)

In der Tat ist es vielleicht das Besondere des Menschen, daß er eben versucht, sich zu bestimmen, wie das in den verschiedenen Aussagen deutlich wurde, daß er über sich nachdenkt, daß er nach sich fragt, diese Frage stellt: Was bin ich? Was ist der Mensch? Das ist die Besonderheit, die den Menschen als Menschen zunächst einmal ausmacht. Tiere und die übrige Natur fragen nicht, sie *sind* einfach, sind fraglos da.

Angelus Silesius schreibt:

> Die Ros' ist ohn' Warum!
> Sie blüht, weil sie blüht;
> Sie achtet nicht ihrer selbst,
> fragt nicht, ob man sie sieht.

Der Philosoph Martin Heidegger nennt das Menschsein ein „Sein zum Tod“, und Max Rychner sagt: „Der Mensch ist das einzige Lebewesen auf Erden, welches weiß, daß es sterben muß.“

Dieses Wissen um sein Ende, seinen Tod, ist also ebenfalls ein besonderes Kennzeichen des Menschen. Erich Fried hat dies so ausgedrückt:

> Ein Hund
> der stirbt
> und der weiß
> daß er stirbt
> wie ein Hund
> und der sagen kann
> daß er weiß
> daß er stirbt
> wie ein Hund
> ist ein Mensch.

Die folgenden Beiträge sollen Ihnen noch einmal Gelegenheit geben, darüber nachzudenken, was das Besondere, das Eigentliche des Menschen ist.

Lied des Menschen

Ich bin ein Mensch; doch bild' ich mir nicht ein,
Ich könnt' im Dunkeln besser sehn als Eulen,
Und könnte lauter als die Wölfe heulen
Und könnte stärker als ein Löwe sein.

Ich bin ein Mensch; doch glaub' ich nicht, ich sei
So glücklich wie Delphine, wenn sie springen,
So selig wie die Meisen, wenn sie singen,
Auch nicht so schnurrig wie ein Papagei.

Ich bin ein Mensch und doch in jedem Tier,
In Laus und Adler, Raupe, Pfau und Schnecke.
Sie sind die fernsten Ahnen, und ich stecke
In jedem Tier, und jedes steckt in mir.

Doch bin ich Mensch in ganz besondrem Sinn.
Wenn Tiere schnurrig sind, verspielt und heiter,
Dann sind sie schnurrig, heiter und nichts weiter.
Ich aber weiß es, wenn ich glücklich bin.

Was Tiere sind, das sind und bleiben sie.
Ein Wolf bleibt Wolf. Ein Löwe bleibt ein Löwe.
Doch ich kann alles sein, Delphin und Möwe.
Ich bin ein Mensch. Ich habe Phantasie.

James Krüss

Wer bin ich?

Bundesbürger, Steuerzahler,
Wähler und Altherrnfußballer,
Mitglied in dem Sportverein,
Sparer für ein Eigenheim,
Staatsbeamter, Arbeitnehmer,
Fahrzeughalter und daneben
Kunde noch und Konsument,
Mieter, Kassenpatient,
Fernsehzuschauer, Rundfunkhörer,
all das bin ich, ohne Frage
immer wieder, alle Tage

... und doch wüßt' ich zwischendrin
gern, wer ich, ich selber bin.

Zum Nachdenken und Weiterdenken

Gibt es Ihrer Meinung nach wesentliche Unterschiede zwischen Mensch und Tier?
Sehen Sie sich in der Lage, mit ein oder zwei Sätzen eine Bestimmung des Menschen zu geben?

Was ist ein Mensch wert?

„Am geringsten schätzt der Chemiker den Wert des Menschen ein. Er berechnet den Gehalt eines Erwachsenen nach den Grundbestandteilen des menschlichen Körpers:

68% Wasser
20% Kohlenstoff
6% Sauerstoff
2% Stickstoff
4% Aschenbestandteile usw.

Je nach Marktlage ergibt dies ungefähr 20.-- DM.

Wenn man allerdings die Energie berechnet, die in den Atomen des menschlichen Körpers gespeichert ist, dann ergibt dies mehrere Millionen Kilowattstunden. Könnte man sie nutzen, wäre ein Mensch etwa 85 Millionen Dollar wert.

Versicherungsgesellschaften rechnen noch anders. Nach ihrer Ansicht ist ein Neugeborener ungefähr *40000.-- DM*, ein Zehnjähriger *50000.-- DM* wert. Der Wert eines Menschen steigt mit seinem Alter. So wird er berechnet: Man nimmt das durchschnittliche Jahreseinkommen eines gesunden Mannes, zieht davon den Eigenverbrauch ab, multipliziert diesen Betrag mit 40 (für 40 Arbeitsjahre) und zieht von dem Ergebnis ab, was für ihn in den ersten 15 Lebensjahren ausgegeben werden mußte. Man nennt dies den materiellen Geburtswert eines Menschen.

(Flemming/Strube: Was ist ein Mensch wert? In: Die Hundesöhne. Gütersloh 1976, S. 50)

Zusammenfassung
„Der Mensch auf der Suche nach sich selbst“

Können Sie sich noch daran erinnern?

- Andrea will wissen, woher sie kommt.
- Kinder erobern sich fragend die Welt.
- „Wo kommt der Mensch bloß her?“ fragt Alfons Igerl.
- Die Frage nach dem Menschen hat Denker aller Zeiten beschäftigt.
- Für James Krüss gibt es grundlegende Unterschiede zwischen Mensch und Tier.
- Der Wert des Menschen läßt sich nicht in Zahlen fassen.

Bevor Sie weiterlesen, wäre jetzt der richtige Zeitpunkt, Ihre eigenen Gedanken zum Thema des 1. Kapitels zu formulieren.

Wie geht es jetzt weiter?

Wir haben festgestellt, daß der Mensch auf der Suche nach sich selbst ist. Diese Suche mündet in die Sinnfrage.

- Ist Ihnen schon aufgefallen, daß gerade in Fabeln und Märchen oft die Sinnfrage aufgeworfen wird?
- Können Sie sich unter dem Begriff „Sinnkiller“ etwas vorstellen?
- Warum ist es überhaupt so wichtig, nach dem Sinn des Lebens zu fragen?

Kapitel 2

Die Frage nach dem Lebenssinn

Wer weiß, wo das Gestern wohnt,
die Zeit, die niemals wiederkommt?
Wer sagt mir, wohin das, was ist,
verläuft, verrinnt, verfließt?
Wer weiß, wohin die Zeit uns treibt
und warum nichts für immer bleibt?
Wer sagt mir, wo mein Weg hingeht
und wo mein Ziel einmal steht?
Wer weiß, warum stets etwas wird,
wenn es doch einmal wieder stirbt?
Gibt's wirklich in dem Leben drin
Weg, Zukunft und Sinn?
Ich bin voller Fragen:
wieso und warum?
Doch keiner gibt Auskunft,
ein jeder bleibt stumm.
Keiner gibt Antwort,
woher und wohin.
Wer zeigt mir den Weg
und den Sinn?

In den beiden folgenden Kindergeschichten wird versucht, der Sinnfrage nachzugehen:

Wo's hingeht

„Du bist jetzt alt genug, um auf deinen eigenen Füßen zu stehen", meinte der alte Ziegenbock zu seinem Sohn. „Ich kann dir jetzt nicht mehr sagen, wo's hingeht, das mußt du jetzt schon selber wissen. Wer sich nicht auf den Weg macht, gelangt nie ans Ziel."

Da Herr Bock ein reicher Mann war, ließ er sich nicht lumpen und gab seinem Sohn Egon einen prallgefüllten Geldbeutel mit auf den Weg. „Wer sich nicht auf den Weg macht, kommt nie ans Ziel!" Diese Worte seines Vaters leuchteten Egon ein, und er begann loszuwandern. Da er aber von seinen Eltern doch recht verwöhnt und nie an harte Strapazen gewöhnt wurde, begannen ihm schon nach einer Stunde seine Beine zu schmerzen. Gerade wollte er sich müde ins Gras legen, da sah er eine Katze in großen Stiefeln auf sich zukommen.

„Wer bist du denn?" fragte Egon.

„Dasselbe könnte ich dich fragen", antwortete die Katze. „Übrigens sieht man doch, wer ich bin. Ich bin der Gestiefelte Kater."

„Und ich heiße Egon", entgegnete der Ziegenbock. „Und wie du siehst, bin ich sehr müde."

„Müde von was?" fragte der Gestiefelte Kater.

„Vom Gehen natürlich. Und mir tun die Beine entsetzlich weh."

„Selber schuld", meinte der Kater. „Warum gehst du auch so lange, bis dir alles weh tut."

„Ich muß", erwiderte Egon. „Mein Vater hat mich geheißen, meinen eigenen Weg zu gehen. Denn nur wer seinen eigenen Weg geht, kann ans Ziel gelangen, hat er gesagt."

„Da mag er wohl recht haben", erwiderte der Kater, „aber wenn dein Vater schon will, daß du ans Ziel gelangst, hätte er dir auch etwas mitgeben müssen."
„Hat er doch", meinte Egon, „ich habe eine Menge Geld dabei."
Der Kater wurde hellhörig. „Was nutzt dir all dein Geld, wenn du auf den Weg schlecht vorbereitet bist. Schau dich doch einmal an, du hast ja nicht mal Reiseschuhe an. Du bist für deinen Weg hundsmiserabel ausgerüstet, wenn ich dir das sagen darf. Schau dir zum Beispiel meine Stiefel an. Ohne die könnte ich überhaupt nicht mehr leben. Du solltest mich sehen, wenn ich nicht wie heute nur einen Spaziergang mache, sondern eine kleine Reise unternehme, wie ich mich da kleide. Sag, kennst du den Spruch nicht: Auf dem rechten Weg du bist, trägst du Kleidung von ‚Tourist'."
„Das wäre natürlich was", überlegte Egon, „denn ich will ja schauen, daß ich auf den rechten Weg komme."
„Weil du es bist, will ich dir helfen", rief der Kater. „Komm mit, es trifft sich nämlich gut. Ich habe hier um die Ecke mein kleines Auslieferungslager für Tourist-Kleidung. Du bekommst sie bei mir sogar bei Barzahlung um 3% günstiger."
„Oh, vielen Dank", rief Egon und folgte dem Kater. Nach kurzer Zeit verließ er, in modernste Modefarben gekleidet, mit vier prächtigen Stiefeln an den Beinen, aber auch um einige Taler ärmer, das Lager des Katers. „Jetzt bin ich auf dem richtigen Weg", sagte er sich, „jetzt kann nichts mehr fehlen."
So marschierte Egon mit seiner neuen Ausrüstung flugs voran. Zunächst einmal war das ein gänzlich neues Gehgefühl, und er hatte anfangs durchaus Spaß an den neuen Stiefeln und der schicken Wanderkleidung. Ungeachtet der immer wärmer herabscheinenden Sonne schritt er hurtig voran. So kam es, daß er bald ins Schwitzen geriet. Die Beine schwollen ihm an, die Stiefel begannen zu drücken, es bildeten sich Blasen an den Füßen, und die

Reisekleidung klebte an seinem schweißnassen Körper. Er legte sich ganz erschöpft wieder ins Gras und wollte stöhnend die zu eng gewordenen Stiefel herunterziehen, aber es ging nicht mehr.
Da traf es sich gut, daß ein Hase an ihm vorbeirannte. „Halt“, rief er dem Hasen zu, „kannst du mir bitte helfen?“ Der Hase hielt in seinem Lauf inne. „Eigentlich habe ich keine Zeit, ich bin nämlich in Eile, wie du siehst.“ Dann bequemte er sich aber doch, Egon das drückende Beinwerk herunterziehen zu helfen.
„Kannst du mir verraten“, fragte der Hase ihn lachend, „warum du dich in so merkwürdige Klamotten geschmissen hast. Allem voran diese furchtbaren Stiefel?“
„Ich bin auf dem Weg“, entgegnete Egon, „siehst du das nicht? Nur wer sich auf den Weg macht, erreicht sein Ziel.“
„Da magst du schon recht haben“, erwiderte Meister Lampe, „aber so wie du dich hergerichtet hast, wirst du dein Ziel wohl erst erreichen, wenn Neujahr in den Sommer fällt. Wenn ich dir einen Rat geben darf, dann schmeiß den ganzen Plunder weg oder verkauf ihn in einem Second-Hand-Shop und begib dich frisch, fromm, fröhlich, frei wieder auf den Weg. Schau mich an, ich gehöre zu den schnellsten Tieren dieser Welt. Ohne jemals etwas angehabt zu haben als mein Fell.“
„Du hast leicht reden“, meinte Egon, „ihr Hasen seid eben von Haus aus schneller als wir Ziegen.“
„Ich wüßte schon, wie ich dir aus deiner Misere helfen könnte“, überlegte der Hase. „Ein Bruder von mir hat ein Transportunternehmen aufgemacht, den ‚Lampe-Expreß‘. Acht meiner schnellsten, kräftigsten Artgenossen könnten dich in Windeseile bis zu 100 Kilometer weit transportieren. Aber das ist natürlich auch eine Frage des Geldes“, fügte er hinzu.
„Geld spielt keine Rolle“, rief Egon erfreut, „ich wäre dir sehr zu Dank verpflichtet, wenn du mich zu dem Expreß deines Bruders bringen könntest!“ Gesagt, getan. Gegen eine ganz nette Geldsumme wurde Egon auf ein Wägel-

chen geladen, die acht Hasen spannten sich davor und rasten wie ein geölter Blitz von dannen. Auf dem Wagen zog es erbärmlich, und Egon, der ja vorher seine Kleider gegen ein paar Pfennige zurückgelassen hatte, fror entsetzlich. Nach einiger Zeit hielt das Gefährt an, und einer der Hasen rief: „Aussteigen, wir sind hundert Kilometer gelaufen und müssen wieder zurück!"

Total ausgefroren kletterte Egon von dem Gefährt herunter und merkte nun, daß er Hunger und Durst bekommen hatte. Zum Glück hatten die Hasen direkt vor einem See haltgemacht. Egon schlürfte etwas Wasser, aber seinen Hunger konnte das Wasser nicht stillen. Alle konnten hören, daß sein Magen immer lauter zu knurren begann.

„He, was ist denn da los?" rief ein Fischotter, der aus dem Schilf herauskroch. „Wer brüllt denn da so entsetzlich und stört meinen Schlaf?"

„Entschuldige", meinte Egon, „das ist mein Magen. Ich habe seit Stunden nichts gegessen. Schilf verträgt mein Magen leider nicht."

„Warum kommst du denn dann ausgerechnet hierher?" wollte der Otter wissen. „Ich bin auf dem Weg", entgegnete Egon, „und versuche ans Ziel zu gelangen. Hatschi, hatschi!" Er merkte, daß er sich auf seiner Fahrt mit dem Lampe-Expreß ganz schön erkältet hatte.

„Ans Ziel gelangen", wiederholte der Otter, „das ist ein löbliches Vorhaben. Ich frage mich aber, wie du in deinem jetzigen Zustand, hungrig und ausgefroren, je dein Ziel erreichen willst." Egon erzählte dem Otter, was er bisher alles unternommen hatte.

„Ja um Himmels willen", rief der, „da hat man dich ja ganz schön gelinkt. Wenn du mich fragst, wollten deine sogenannten Helfer bisher nur eines, dein Geld. Was haben sie dir denn dafür geboten? Nichts! Schau dich doch an, wie du vor mir stehst, du Bündel Elend. Enge Schuhe, ein unbequemes Gefährt, und das alles für ein Schweinegeld. Wenn ich mir vorstelle, was ich da mit meinem Unternehmen ‚Laguna-Reisen' alles biete."

„Laguna-Reisen?“ fragte Egon, hellhörig geworden.
„Sag bloß, du hast noch nie etwas von den ‚Laguna-Reisen‘ gehört“, empörte sich der Otter. „Meine ‚Laguna-Seereisen‘ gehören zu den komfortabelsten der ganzen Welt. Du kennst wohl auch unseren Spruch nicht: ‚Nur mit Laguna-Luxus-Stil erreichst du deiner Wünsche Ziel.‘“
„Das hört sich gut an“, rief Egon, „ich will nämlich ans Ziel gelangen, koste es, was es wolle.“
„Das hört sich nun wiederum für mich gut an“, lachte der Otter, „denn die ‚Laguna-Reisen‘ sind nicht ganz billig, dafür bieten wir aber auch einiges.“
Bald waren sie handelseinig, und Egon bestieg die Luxusyacht der ‚Laguna-Reisen‘. Der Otter hatte nicht zu viel versprochen. Sobald sich das Schiff in Bewegung gesetzt hatte, wurde der hungrigen Ziege ein Mahl kredenzt, das das Herz höher schlagen ließ, eine wunderschöne, weiche Bettstatt stand zur Verfügung, eine Lerche und eine Nachtigall sorgten für Gesang, kurzum, dem Passagier wurde alles geboten und jeder Wunsch von seinen Augen abgelesen. Abends legte sich Egon in seine weiche Schlafstatt und wurde in der Früh vom wunderschönen Gesang der Vögel und einer Grille geweckt. Das Frühstück war wieder exzellent, ebenso das Mittags- und das Abendmahl. Zunächst genoß Egon auch noch die Landschaft, obwohl er schon nach kurzer Zeit festgestellt hatte, daß sich die Yacht auf dem relativ kleinen See immer nur im Kreis bewegte. Nach ein paar Tagen wurde ihm die Fahrerei im Kreis allmählich langweilig, und auch der Service hatte an Reiz verloren. Gesprächspartner hatte er auf der Fahrt auch keinen, denn die Vögel und Grillen tirilierten und zirpten nur und die ihn bedienenden Enten waren zwar höflich, schnatterten aber immer nur dieselben Floskeln herunter. Egon war sichtlich froh, als nach vierzehn Tagen die Yacht landete und er, aufgrund der überreichen Nahrung und der mangelnden Bewegung übergewichtig geworden, wieder das Ufer betreten konnte.
Mühsam machte er sich wieder auf den Weg. Nach eini-

gen Kilometern gelangte er an eine Wegkreuzung. Auf dem einen Richtungsschild stand: Heufeld, auf dem anderen: Grasbrunn. „Liest sich beides gut", dachte Egon, überlegte kurz und lenkte seine Schritte in Richtung Grasbrunn.

Als er wieder einige Kilometer gegangen war, kam er erneut an eine Kreuzung. Diesmal sah er sich allerdings gleich vor drei Wegweisern. Obergrasbrunn stand auf dem einen, Untergrasbrunn auf dem anderen und Hintergrasbrunn auf dem dritten. Da überlegte Egon schon etwas länger, ehe er sich entschloß, nach Obergrasbrunn zu gehen. Nach ein paar weiteren Kilometern stand er wieder vor Wegweisern. Die wiesen nach Vorderobergrasbrunn, Hinterobergrasbrunn und Mittelobergrasbrunn.

Egon wandte seine Schritte nach Vorderobergrasbrunn. Als er wieder längere Zeit gegangen war, stoppte ihn plötzlich eine Straßensperre mit der Aufschrift: Der Weg nach Vorderobergrasbrunn ist gesperrt. Umleitung über Untergrasbrunn." Erschöpft ließ er sich auf einer Bank nieder. Eine Stimme ließ ihn aus seinem Halbschlaf aufschrecken. „Hallo Kumpel, was machst du denn hier an diesem gottverlassenen Ort?"

Der so Angesprochene schaute auf. Ein Fuchs stand vor ihm. „Ich wollte eigentlich nach Vorderobergrasbrunn, aber da wird wohl nichts draus. Es ist schon spät am Abend, und ich weiß nicht, wie lange diese Umleitung dauert."

„Nach Vorderobergrasbrunn wolltest du", lachte der Fuchs. „Was willst du denn da? Da ist doch absoluter Totentanz."

„Weißt du", antwortete Egon, „ich bin auf dem Weg."

„Weg ist ja recht", meinte der Fuchs, „aber dein Ziel kann doch bestimmt nicht Vorderobergrasbrunn sein. Ich wüßte schon, wo du etwas erleben kannst", lockte der Fuchs. „Wenn es dir eine kleine Gage wert ist, bringe ich dich nach Freudenstadt. Da ist wirklich etwas geboten." Egon nahm das Angebot an.

In den Abendstunden erreichten sie Freudenstadt. Der

Fuchs hatte nicht gelogen. Da schien wirklich Leben in der Bude zu sein. Kaum hatte er sich versehen, stand er inmitten bunter Leuchtreklamen. Alle Daumenlang flammte eine andere Inschrift auf, und Lautsprecher lockten in alle möglichen Richtungen: „Kommen Sie herein, Vergnügungen am laufenden Band." Eine sonore Stimme versprach: „Meditationszentrum. Hier kommen sie zu sich." Eine Reklame flammte auf: „Machen Sie etwas aus Ihrem Körper. Fitneß-Center." Eine Leuchtschrift, ein Werbespruch nach dem anderen. „Machen Sie Ihr Glück im Spielsalon." - „Freude durch Kontakt mit anderen. Kommunikationszentrum." - „Gutes Aussehen, gute Gesundheit. Kommen Sie in unseren Vital-Club." - „Schützen Sie Ihr Leben. Kurse für Selbstverteidigung." - „Denken Sie an Ihr Seelenheil. Esoterische Gespräche." - „Keine Komplexe mehr. Dr. Mun therapiert Sie." - „Wir kennen Ihre Zukunft. Astrologische Beratung." - „Für Ihr leibliches Wohl sorgt das Schmankerl-Eck." - „Gesund an Leib und Seele." - „Ein Wochenende bei uns läßt Sie völlig neu werden."
Kaum wollte Egon in irgendein solches Zentrum eintreten, leuchtete ihm ein neuer Spruch entgegen, oder eine andere Werbung übertönte die vorhergehende. Egon reagierte verwirrt und erfreut zugleich. Er wußte nicht, wo er hinschauen und hinhören, und gleich gar nicht, wohin er seine Schritte lenken sollte. Aber, so dachte er naiv, das ist endlich ein Ort, an den zu kommen sich mein Weg gelohnt hat. Denn hier kümmert sich doch alles nur um mich. Um meine Gesundheit, um meinen Körper, meinen Geist, meine Seele. Sie wollen, daß ich vital werde, glücklich, erfolgreich, elegant, schön. Alle wollen, daß ich mich freue, meinen Spaß habe, jeder will nur mein Bestes, mein Heil!
Glücklich über so viel Zuwendung und Sorge um ihn, tappte er bald in die eine, bald in die andere Tür. Er merkte zwar schnell, daß er sich jedesmal eigentlich mehr versprochen hatte, aber das machte ja nichts, an der Nachbartür lockte eine neue Verheißung.

Vielleicht wäre er noch viel, viel länger herumgeirrt, wäre ihm nicht, als er gerade bezahlen wollte, mit Entsetzen bewußt geworden, daß er, bis auf ein paar Taler, das ganze Geld von seinem Vater ausgegeben hatte. Mit Schimpf und Schande jagte man ihn aus dem Haus, das vorher in großen Lettern Zuwendung und Liebe versprochen hatte.
Traurig und leer machte er sich wieder auf den Weg und stand bald wieder vor Wegweisern. Jeder wies zu neuen Kreuzungen mit neuen Wegweisern. Da wurde ihm auf einmal klar, daß er vor lauter Wegweisern immer mehr von seinem Weg und seiner Richtung abgekommen war. Aber hatte er eigentlich eine Richtung, einen Weg und ein Ziel gehabt? Was hatte der Vater gesagt? „Du mußt deinen Weg gehen." Aber welcher ist denn mein Weg? Jeder hat mir einen anderen gezeigt. Einmal bin ich ganz schnell vorangekommen, einmal bin ich immer im Kreis gefahren. Ich bin zwar immer irgendwo angekommen, aber wenn ich dort war, hab' ich eigentlich nicht gewußt, was ich dort wollte oder sollte.
Während er so seinen traurigen Gedanken nachhing, kam ihm ein seltsames Paar entgegen: Ein Esel, auf dem ein Hund ritt. Schon von weitem hörte er den Hund dirigieren: „Jetzt ein wenig nach rechts. Vorsicht, hier kommt ein Stein. Paß auf, ein Loch." Als sie näher kamen, bemerkte Egon, daß der Esel blind war.
„Hallo", rief er ihnen zu, „was macht ihr denn?"
„Wir suchen einen Ort, wo man uns noch brauchen kann", antworteten die beiden wie aus einem Munde. „Vielleicht hast du schon bemerkt, daß ich blind bin", setzte der Esel hinzu.
„Und ich bin leider lahm", erklärte der Hund. „Aber da der Esel gehen und ich sehen kann, haben wir uns zusammengetan, nachdem wir von unseren Herren auf die Straße gesetzt worden waren. Meine Mutter hatte mir einst das Märchen von den Bremer Stadtmusikanten vorgelesen. Da steht doch der schöne Satz: ‚Etwas Besseres als

den Tod findest du noch allemal.‘ Und so haben wir uns überlegt, ob wir nicht vielleicht doch noch etwas Gutes tun können in unseren alten Jahren. Die Welt ist so schön, sogar wenn man etwas behindert ist. Wir glauben, daß man auch, wenn einem das eine oder andere fehlt, etwas Gutes tun könnte.“

Egon schaute etwas verlegen. Die beiden hatten offensichtlich den richtigen Weg eingeschlagen. Und er, der jung und mit einer Menge Geld ausgestattet war, hatte sich eigentlich nur verlaufen.

„Ich habe weniger gesehen als der blinde Esel und bin weniger meinen Weg gegangen als der lahme Hund. Hätte ich ein bißchen hingeschaut, ein bißchen hingehört, meine Augen und mein Herz ein wenig geöffnet, dann hätte ich vielleicht irgendwie meinen Weg entdeckt. Das Schöne und Gute kann man nicht einfach kaufen, es kommt nicht bloß auf uns zu, sondern wir müssen es selber finden und selber etwas davon in die Welt bringen. Das ist vielleicht unser Weg.“ Der Hund und der Esel hatten aufmerksam zugehört.

„Du hast recht“, meinte der Hund, „alles ist schön, was man mit den Augen der Liebe betrachtet.“

„Das kann sogar ein Blinder“, fügte der Esel hinzu. „Das Gute ist nur gut, wenn man es auch gelegentlich tut. Im übrigen sollte man, wenn man auf dem Weg ist, nicht ständig nur nach vorne, sondern hin und wieder einmal nach oben schauen“, meinte der Hund, „aber auch auf die Seite, denn manchmal ist das Ziel links und rechts des Weges.“

„Ich habe eine große Bitte“, meinte Egon, „darf ich euch ein Stückchen auf eurem Weg begleiten? Ich bin jung und kräftig und kann auch den Hund einmal tragen. Außerdem ist mir noch ein bißchen Geld übriggeblieben. Gleich da vorne rechts vom Weg sehe ich eine Gaststätte. Da wollen wir rasten.“

„Du hast recht“, meinte der Hund, „unser Leben besteht im Ein- und Ausatmen. Auch ist es ein Ziel, den rechten

Rhythmus auf seinem Weg zwischen Ein- und Ausatmen zu finden. Überhaupt verhält es sich mit dem Leben ähnlich wie mit dem Weg. Das Leben und den Weg vereint ein geheimnisvoller Sinn. Beide sind uns nicht nur gegeben, sondern auch aufgegeben. Du weißt ja, wenn du dich einmal verlaufen solltest, schau nach oben. Am Himmel findest du immer wieder Zeichen, die dir helfen, die Richtung zu finden. Und denk vor allem auch daran, du brauchst für deinen Weg immer wieder Begleiter. Manchmal sogar jemanden, der dich führt. Den Weg mußt du jedoch selber gehen. So - und nun wollen wir drei uns wieder auf unseren Weg machen, denn auch eine Reise um die Welt beginnt mit dem ersten Schritt."

Nili auf der Suche nach dem Sinn

Nili, ein kleines Krokodilmädchen, war auf der Suche nach sich selbst und ihrem Lebensweg. Auf der langen Wanderung traf sie viele verschiedene Tiere, die ihr halfen, ein Stück voranzukommen. Am Ende ihrer Reise hat Nili in Erfahrung gebracht, daß es gut und schön ist, auf der Welt zu sein. Sie weiß jetzt, was das Wahre, das Schöne und das Gute ist. Sie hat ihren Lebensweg gefunden.

Nilis Wanderung endete bei dem weisen Olm. Er gab ihr eine Reihe guter Ratschläge mit auf den Weg. Zum Schluß hatte er noch einen letzten Rat für sie: „Vergiß nie, nach dem Sinn zu suchen. Dein Leben ist nur lebendig, wenn es Sinn hat." So hatte sich Nili also nun aufgemacht, um diesen Sinn zu entdecken.

Der Zufall wollte es, daß sie nach ein paar Metern auf einem Baum einen Uhu entdeckte, der ganz gemächlich den Kopf bald nach links, bald nach rechts bewegte. Nili beobachtete ihn einige Zeit und fragte dann: „Hallo, was machst du denn da?"

„Das siehst du doch", antwortete der Uhu, „ich denke nach. Stör mich nicht dabei!"

„Entschuldigung", sagte Nili, „aber kannst du mir bitte sagen, worüber du nachdenkst?"

„Über den Sinn des Lebens", antwortete der Vogel. „Aber laß mich jetzt in Ruhe." Er bewegte den Kopf wieder von links nach rechts.

„Über den Sinn des Lebens!" rief Nili aufgeregt. „Bitte sei mir nicht böse, aber den suche ich auch. Kannst du mir sagen, ob du schon zu einem Ergebnis gekommen bist?"

Der Uhu sah Nili mürrisch an. „Natürlich nicht, sonst würde ich ja nicht mehr nachdenken."

„Wie lange denkst du schon nach?" fragte Nili weiter.

„Darüber muß ich erst nachdenken", knurrte der Uhu, „aber für dieses Nachdenken habe ich keine Zeit, weil ich über etwas Wichtigeres nachdenken muß."

„Ja, ja, ich verstehe", entgegnete Nili, „entschuldige, wenn ich dich trotzdem noch etwas frage. Wie lange wirst du denn noch nachdenken müssen? Könnte ich vielleicht später noch einmal vorbeikommen?"
„Hast du nicht gehört", schimpfte der Uhu, „was ich gesagt habe? Ich denke *nach* und nicht *vor*. Also kann ich dir nicht sagen, wie es mit meinem Nachdenken weitergeht. Ich glaube, du bist an der falschen Adresse, und jetzt laß mich in Frieden."
Sprach's und legte seinen Kopf wieder von links nach rechts und von rechts nach links.
„Oh je", überlegte sich Nili, „anscheinend ist es nicht so leicht, wie ich dachte, dem Sinn auf die Spur zu kommen."

Sie wanderte weiter und entdeckte plötzlich eine große Menge kleiner, pelziger Wesen, die begeistert Beifall klatschten. Als sie näher kam, sah sie, daß es sich um schwarz-weiß gesprenkelte Mäuse handelte, die eine ihrer Artgenossinnen anfeuerten. Diese befand sich in einem Laufrad und trieb es mit atemberaubender Geschwindigkeit an.
„Was ist denn hier los?" fragte Nili eine der Mäuse.
„Pst, still!" flüsterte diese, „Pipsi ist dabei, ihren eigenen Rekord zu brechen."
„Welchen Rekord?" wollte Nili wissen.
„Ja, siehst du nicht, Pipsi ist die bedeutendste Vertreterin von uns Tanzmäusen. Wir sind alle stolz auf sie. Sie steht bereits im Buch der Rekorde."
„Buch der Rekorde?" fragte Nili. „Was ist denn das?"
„Du kennst das Buch der Rekorde nicht?" staunte die Maus, mit der Nili ins Gespräch gekommen war. „In das Buch der Rekorde werden nur die aufgenommen, die eine großartige Leistung vollbracht haben."
„Ist eine großartige Leistung sinnvoll?" fragte Nili.
„Natürlich", antwortete die Maus.
„Hm", meinte Nili, „dann bin ich hier wohl an der richtigen Stelle." Sie schaute der laufenden Maus gebannt zu.

„Pipsi läuft jetzt schon acht Stunden, dreiundzwanzig Minuten und vierzehn – fünfzehn – sechzehn Sekunden", wisperte die Maus aufgeregt in Nilis Ohr. „Sie hat ihren alten Rekord damit bereits um neunzehn Minuten, vierzehn Sekunden überboten!"
„Sag mal", fragte Nili, „was ist das für ein komisches Gerät, in dem eure Pipsi da läuft?"
„Da schaust du!" sagte die Maus stolz. „Wir haben es eigens von Bibern erbauen lassen und haben es Velo genannt. Was sagst du zu unserer Pipsi? Ist sie nicht fabelhaft? Ich glaube, sie ist immer noch nicht müde. Das wird ein phantastischer Rekord werden!"
„Hm", fragte Nili, „was macht denn eure Pipsi, wenn sie den Rekord aufgestellt hat?"
Die Maus schaute Nili erstaunt an. „Zunächst wird sie sich ausruhen, dann wird sie ihren Rekord feiern."
„Und dann?"
„Ja, und dann, dann wird sie sich intensiv vorbereiten."
„Vorbereiten – worauf?" fragte Nili wiederum.
„Ja, auf einen neuen Rekord natürlich."
„Aber sie hat doch jetzt den Rekord."
„Auf Rekorden darf man sich nicht ausruhen", erklärte die Maus, „es könnte ja sein, daß andere schon sehr bald den neuen Rekord von Pipsi angreifen oder ihn sogar brechen. Dann wäre der heutige Rekord sinnlos."
„Aha", überlegte Nili, „Rekorde können folglich sinnlos sein."
„Jeder neue Rekord macht einen alten sinnlos."
„Dann", überlegte Nili weiter, „ist wohl nur ein neuer Rekord sinnvoll."
„Richtig!" rief die Maus erleichtert. „Du scheinst zu kapieren. Aber sieh nur, Pipsi läuft noch immer. Das wird ein toller Rekord!"
„Mhmhm", entgegnete Nili, „so ganz habe ich es immer noch nicht verstanden. Was ist denn wirklich so sinnvoll an dem, was Pipsi tut? Die tritt doch eigentlich immer auf derselben Stelle."

„Aber!“ rief die Maus empört. „Das Rad, siehst du nicht das Rad? Es bewegt sich doch!“
„Ja“, erwiderte Nili, „aber es bewegt sich immer nur im Kreis.“
„Oh je“, lachte die Maus, „du scheinst nicht besonders intelligent zu sein. Natürlich bewegen sich Räder im Kreis, sonst wären sie keine Räder.“
„Ein Rad kann sich aber auch vorwärts bewegen“, beharrte Nili. „Hat euer Rad wenigstens ein Ziel? Es dreht sich doch nur.“
„Na und?“ ereiferte sich die Maus. „Du Nörgler! Es dreht sich auch nicht um das Drehen des Rades, sondern um die enorme Leistung von Pipsi.“
„Wie wäre es, wenn das Rad“, überlegte Nili, „etwas bewegen würde. Man könnte ja vielleicht durch die Kraft des Rades beispielsweise – hm – Wasser schöpfen.“
„Wir müssen kein Wasser schöpfen!“ empörte sich die Maus. „Siehst du denn nicht den Bach hier? Wir haben genug Wasser vor der Nase, wozu sollen wir da Wasser schöpfen?“
„Ich meine ja nur“, fuhr Nili fort, „daß sich das Rad dreht und dreht, ohne etwas zu bewirken.“
„Ach was!“ rief die Maus ärgerlich. „Ich geb's auf, ich hab' dir doch jetzt schon ein paarmal erklärt, daß das, worum es sich dreht, die Leistung von Pipsi ist. Der Rekord, das ist der Sinn, um den sich das Ganze dreht. Und jetzt laß mich gefälligst in Ruhe! Ich will die letzten Minuten des neuen Weltrekordes noch bewundern.“
„Bravo, bravo!“ schrien die Mäuse wieder, während Nili sich davonmachte.
Beim Weitergehen überlegte sie noch einmal, was denn eigentlich sinnvoll sein könnte an der Anstrengung Pipsis. „Vielleicht“, dachte sie, „ist der Sinn daran nur der, daß man etwas *durchhält*. Aber etwas durchhalten, das allein kann doch nicht der Sinn sein. Es wäre ja auch möglich, daß man etwas Unsinniges durchhält. Damit wird das Unsinnige aber nicht sinnvoller, im Gegenteil. Vielleicht

gehört zum Sinn doch auch, daß irgend etwas bei der Anstrengung herauskommt.

In diesem Augenblick entdeckte sie ein Gewimmel lauter winziger Ameisen. Als sie genauer hinschaute, sah sie, wie eine Unzahl dieser Tiere sich emsig darum bemühte, irgendwelche kleinen Teilchen zusammenzuschleppen.
„Was macht ihr denn da?“ fragte Nili interessiert.
„Das siehst du doch“, wisperte eine Ameise, die sich mit einer Tannennadel abschleppte, die viel größer war als sie selbst. „Du siehst doch, daß wir an unserem Ameisenhaufen bauen. Da liegt er doch, direkt vor deiner Nase.“
Nili erblickte einen kleinen Hügel, auf dem ein geschäftiges Treiben der Ameisen stattfand. Plötzlich zwickte und pikte es sie.
Sie hörte die wispernde Stimme einer Ameise: „Schau bloß, daß du wegkommst, sonst fallen wir über dich her.“
„Aber ich habe euch doch nichts getan“, verteidigte sich Nili.
„Doch, du willst unseren Ameisenbau zerstören.“
„Unsinn!“ rief Nili. „Ich wollte nur nachsehen, was ihr da baut.“
„Du bist aber drauf und dran“, meldete sich das Stimmchen wieder, „unser Werk zugrunde zu richten. Wenn du nur einen kleinen Schritt nach vorne gehst, wird all das, was wir geleistet haben, sinnlos werden.“
Bei dem Wort „sinnlos“ horchte Nili wieder auf. „Willst du damit sagen, daß euer Bau etwas mit Sinn zu tun hat?“ wollte sie sofort wissen.
„Natürlich!“ antwortete die Ameise. „Dieser Bau ist unser Sinn, unser Leben und unsere Aufgabe.“
„Das mußt du mir genauer erklären“, bat Nili.
„Du hast offensichtlich keine Ahnung von uns Ameisen“, bekam sie zur Antwort, „sonst wüßtest du, daß unser Bau dazu dient, daß unsere Königin in aller Ruhe und Geborgenheit für Nachkommenschaft sorgen kann. Sie legt in einer eigens dafür angelegten Kammer ihre Eier. Nur

durch diesen Bau ist somit der Fortbestand unseres Stammes gesichert. Jetzt mach aber, daß du dich so schnell wie möglich trollst, sonst alarmiere ich meine Mitstreiterinnen, und du wirst ein erbärmliches Ende nehmen."
„Schon recht, schon recht, entschuldige bitte", sagte Nili und suchte das Weite.
Auf ihrem Weg gingen ihr wieder etliche Gedanken durch den Kopf: „Ich glaube, ich bin doch ein Stückchen weitergekommen. Was hat die Ameise gesagt? Dieser Bau ist deswegen sinnvoll, weil er dem Fortbestand des Stammes dient. Ist Sinn also da, wo etwas fortbesteht und etwas weitergeht? Hm, vielleicht komme ich doch noch dem Sinn auf die Spur."

In diesem Augenblick ertönte eine rauhe Stimme über ihr.
„Habe ich gehört, daß du nach dem Sinn fragst?"
Nili sah nach oben, konnte aber nichts erkennen.
„Hier bin ich!" rief die Spinne Wabra. „Wenn du etwas Sinnvolles suchst, dann mußt du mein Werk betrachten. Was ich herstelle, ist sinnvoll wie sonst nichts auf der Welt."
Nili schaute noch einmal genauer hin, jetzt entdeckte sie die große schwarze Spinne.
„Du hast Glück!" rief Wabra, „ich beginne gerade, mein Werk zu spinnen."
„Baust du etwa auch einen Hügel wie die Ameisen?" fragte Nili neugierig.
„Hügel – Ameisen", lachte die Spinne. „Meinst du, ich würde so einen kunstlosen Haufen wie die Ameisen anlegen? Was ich anfertige, ist Kunst in Vollendung. Wenn du Zeit hast, kannst du mir ruhig zuschauen", erklärte sie.
Dann sah die erstaunte Nili, wie Wabra aus ihrem Hinterteil eine Flüssigkeit herauspreßte. Diese Flüssigkeit wurde zu einem Faden, den sie an einem Ast befestigte. An ihm ließ sich die Spinne herab. Dann begann sie, direkt vor den Augen von Nili, ihr Netz zu spinnen. Die sah ihr bewundernd zu, und wieder gab die Spinne Wabra einen

Kommentar ab. „Sag selber, hast du jemals etwas Kunstvolleres, Feineres gesehen als das, was ich aus mir selber gestalte, jawohl, aus mir selber! Die Ameisen benötigen für ihren plumpen Bau Material von überallher. Ich hole den Stoff für mein sinnvolles Kunstwerk aus mir selber heraus."

Nili konnte wieder beobachten, wie Wabra immer wieder neuen Saft und neue Fäden aus sich hervorbrachte. „Schau nur gut zu!" rief diese, „dann siehst du, wie ich aus diesem Faden ein großartiges Netzwerk gestalte. Du müßtest es am frühen Morgen sehen, wenn Tautropfen sich in ihm fangen und wenn die Sonne darauf fällt, gibt es nichts Schöneres als mein Netz."

„Das heißt also", erkundigte sich Nili, „daß Sinnvolles auch gleichzeitig schön ist?"

„Richtig", bestätigte die Spinne, „es reicht nicht, daß etwas nur nützlich ist. Nur das Formvollendete, Feine, Zarte, Gewebte und Gesponnene ist schön und damit sinnvoll. Vor allem, schau dir einmal die Verbindung der einzelnen Fäden an! Sie bilden ein Gewebe. Ein einzelner Faden hätte vielleicht noch keinen Sinn, aber in der Vernetzung zeigt sich das Sinnvolle meines Werkes. Siehst du, wie aus den verschiedenen Fäden durch mein Geschick etwas Großartiges entsteht."

Nili schaute sich das Kunstwerk lange an und war voller Bewunderung. „Wunderschön", lobte sie, „aber gestatte mir eine Frage: Ist das Netz, davon abgesehen, daß es ein richtiges Kunstwerk ist, auch für etwas gut?"

„Für etwas gut?" fragte die Spinne erstaunt. „Du stellst aber komische Fragen. Genügt es dir nicht, daß etwas schön ist und damit seinen Sinn hat? Aber, wenn du es genau wissen willst, ich fange meine Nahrung mit diesem Netz ein." Nili besah sich das Netz genauer und entdeckte einige kleine Fliegen und Mücken, die sich darin verfangen hatten.

Plötzlich rief Wabra: „Was ist denn das? Da ist ja ein völlig überflüssiger Faden, der den Gesamteindruck meines

Werkes stört! Ich werde ihn beseitigen!" Sagte es und biß den Faden, an dem sie das Netz befestigt hatte, einfach ab. In diesem Augenblick sackte das ganze Spinnennetz in sich zusammen und begrub die Spinne unter sich.

Nili ging nachdenklich weiter. „Ich habe nun einiges über den Sinn erfahren. Sinn hängt offensichtlich mit dem Schönen zusammen und auch damit, daß man kleine Fäden zu etwas Zusammenhängendem gestalten kann. Sinn hat aber auch mit etwas Nützlichem zu tun. Aber irgendwie", fiel ihr dann ein, „ist doch so manches Sinn-Netz sinnlos, nämlich dann, wenn man vergißt, daß es irgendwo einen Halt haben muß."

Zum Nachdenken und Weiterdenken

Vergleichen Sie die beiden Geschichten miteinander!
In Fabeln und Märchen macht sich oft jemand auf den Weg, um den Sinn zu suchen. Es ist ein altes Motiv.
Fallen Ihnen Märchen ein, die ähnlich gestaltet sind?
Können Sie sich bei bekannten Märchen an Aussagen über den Sinn des Daseins erinnern?

Schon in den vorhergehenden beiden Geschichten war immer wieder von Situationen die Rede, die den Blick für „Sinn" verstellten, die vom eigentlichen Sinn ablenkten. Auf den folgenden Seiten sollen die „Sinnkiller", mit denen wir heute konfrontiert sind, unter die Lupe genommen werden.

Verlust der Erfahrung

„Richten Sie doch bitte meiner Frau aus, sie soll meine Sekretärin anrufen, daß sie meinen Anwalt verständigt, er möchte den Anwalt von Herrn Weber davon in Kenntnis setzen, daß er seinem Mandanten mitteilt, ich würde es für eine Unverschämtheit ansehen, daß dieser nicht mehr mit mir spricht."

So ähnlich scheint es uns heute manchmal zu gehen, in einer Zeit, die nicht zuletzt durch den Verlust der Unmittelbarkeit gekennzeichnet ist. Dieser Verlust der Unmittelbarkeit äußert sich zum Beispiel in der Schwierigkeit, von Mensch zu Mensch ins Gespräch zu kommen. Sein Ursprung ist nicht zuletzt ein Übermaß an Bedenken. Man beobachte einmal Kinder beim Spiel im Urlaub, wenn sie die verschiedensten Sprachen sprechen. Da existieren die heute so hochgespielten Kommunikationsprobleme kaum.
An die Stelle der Unmittelbarkeit sind heute vielfach Vermittler, insbesondere die Medien getreten. Die Medien vermitteln uns die „Natur", die „Wirklichkeit", sie liefern uns ein bereits fertiges Bild derselben. Dadurch wird aber verhindert, daß wir uns selbst ein Bild von etwas machen. Unsere Erfahrungen und Erlebnisse werden uns abgenommen. Wir erleben eine Wirklichkeit aus zweiter Hand. Ist es aber nicht ein wichtiger Teil der heute wieder so viel zitierten Bildungsaufgabe, daß wir uns selbst Bilder der Wirklichkeit erstellen, uns nicht bilden – oder vielmehr

verbilden – lassen? Die Vermittler haben sich zu einem gigantischen System, dem sogenannten sekundären System, zusammengeschlossen, zu dem auch die Verwaltung, die Bürokratie und alle möglichen Ausschüsse und Gremien zu rechnen sind. Durch diese sekundären Systeme werden Begegnungen von Mensch zu Mensch, aber auch des Menschen mit der Natur, immer schwieriger und komplizierter. Formulare, Daten, Erfassungen, Fragebögen sind an die Stelle des persönlichen Gesprächs getreten. Tests, die sehr häufig in einer realitätsfernen Laborsituation durchgeführt werden und kaum die Chance des Nachfragens beziehungsweise des Richtigstellens bieten, beurteilen sehr häufig, weil vermeintlich objektiver, Fähigkeit und Qualität eines Menschen. Wo nun diese sekundären Systeme übermächtig werden, besteht die große Gefahr, daß man nicht mehr durchblickt, das Ursprüngliche, Eigentliche, Wesentliche nicht mehr sieht und allmählich auch die ursprünglichen Zusammenhänge aus den Augen verliert. Damit wird der Weg vom Entschluß bis zur Umsetzung desselben in die Tat immer mehr verlängert. Wir werden sicher das Rad der Geschichte nicht mehr zurückdrehen können, aber es gilt, ein waches Auge darauf zu haben, daß diese sekundären Systeme nicht übermächtig werden, der Mensch nicht zu sehr zu ihrem Sklaven gemacht wird, und daß wir uns immer wieder bewußt machen, wie viele Aufgaben es gibt, die unmittelbar von uns zu lösen sind.

Zum Nachdenken und Weiterdenken

Kurzurlaube erfreuen sich großer Beliebtheit.
Vielleicht werden viele von dem Gefühl getrieben, der „Wirklichkeit aus zweiter Hand" für einige Stunden und Tage entfliehen zu müssen.
Geht es Ihnen auch manchmal so?

Trotz der Vielzahl der Systeme, trotz des Nebeneinanders der verschiedenen Staatsformen wie Diktatur, Kommunismus, Demokratie und all der verschiedensten Wirtschaftsformen gibt es etwas Systemübergreifendes, das ein weltweites Herrschaftssystem geworden ist: die Bürokratie. In allen Herrschaftsformen dieser Welt gab es wenigstens weitgehend die Möglichkeit, Verantwortliche für etwas zu ermitteln, in der Tyrannis, der Monarchie, der Adelsherrschaft, in begrenzter Weise auch in der Demokratie und dem Sozialismus. Deswegen sind diese Herrschaftsformen auch immer wieder beseitigt worden, indem man den oder die Verantwortlichen stürzte.
Bürokratie wird alles überdauern, denn es scheint unmöglich zu sein, dieses „Büros" je habhaft zu werden, es zu fassen oder gar in den Griff zu bekommen. Tragender Gedanke in der Bürokratie ist der, alles zu verwalten. Deswegen sind die eigentlichen Herrscher, Fürsten und Herzöge der Bürokratie die Verwaltungen, in ihrer Gesamtheit „Verwaltungsapparat" genannt. Was, warum und wozu etwas verwaltet wird, ist von untergeordneter Bedeutung. Entscheidend ist das „Daß" und das „Wie". Aus diesem Grund denkt man sich in der Bürokratie auch ständig neue Möglichkeiten und Methoden aus, die Verwaltung mehr zu differenzieren. Und das bedingt natürlich automatisch eine Ausweitung des Verwaltungsapparates. In allen geschichtlichen Epochen hat es gewisse Ideale gegeben. Da gab es das Ideal des Ritters, des Gentleman oder des Humanisten. Das eindeutige Ideal der Bürokratie verkörpert der Bürokrat. Willy Reichert hat ihn ganz genau definiert: „Ein Bürokrat ist ein Mensch, der ausgeschiedene Akten fein säuberlich alphabetisch ordnet, um sie anschließend in den Ofen zu werfen." (In der Zwischenzeit könnte man dem noch hinzufügen, daß der vollkommene Bürokrat vorher noch Fotokopien von den ausgesonderten Akten anlegt.)

In allen geschichtlichen Epochen gab es bekanntlich auch Entscheidungsorgane, das Thing, den Senat, den Hohen Rat, das Unter- und das Oberhaus und so weiter. Das Gremium der Bürokratie ist die Kommission. Eine wichtige Aufgabe der Bürokratie besteht darin, Kommissionen einzusetzen, die sich zu Tagungen, Sitzungen, Konferenzen zusammenfinden. Konferenzen werden meist einberufen, um eine Problemlösung zu erarbeiten. Die Konferenz erreicht aber ihr eigentliches Ziel nicht durch die Problemlösung, sondern durch die Schaffung von möglichst vielen neuen Gremien und Untergremien. Kommissionen werden meistens von dem Mitchellschen Gesetz der Kommissionskunde bestimmt: „Jedes Einzelproblem kann unlösbar gemacht werden, wenn man nur genügend viele Konferenzen darüber abhält.“ Kommissionen orientieren sich, wenn sie funktionieren wollen, an Parkinsons „fünftem Gesetz“: „Wenn es einen Weg gibt, eine wichtige Entscheidung zu verzögern, so wird ihn eine gute Bürokratie – ob öffentlich oder privat – finden. Dies wird vor allem durch die Einrichtung von entsprechenden Kommissionen ermöglicht, die in Unterkommissionen etwas erarbeiten, was das Ergebnis einer anderen Unterkommission, die unabhängig von dieser tagt, neutralisiert.“
Arthur Bloch hat in seinem Buch „Gesammelte Gründe – Warum alles schiefgeht, was schiefgehen kann“ (München 1985), dem auch die bereits zitierten Gesetze entnommen sind, das bestimmende Gesetz jeder Bürokratie, das „Gesetz Kohns“, zitiert, das da lautet: „In jeder Bürokratie vermehrt sich der Papierkram dadurch, daß immer mehr über immer weniger Arbeit berichten. Dynamisches Gleichgewicht ist erreicht, wenn du deine ganze Zeit dafür verwendest, um über das Nichts, das du tust, zu berichten.“ Selbstverständlich gäbe es über die Herrschaftsform der Bürokratie noch viel Interessantes zu berichten, das Bemerkenswerteste aber ist wohl, daß fast alle Herrschaftsformen in der Geschichte bestrebt waren, sich zu erhalten, und daß alle möglichen Gesetze und Sanktionen

aufgestellt wurden, um den Sturz dieser Form zu verhindern. Die Bürokratie dagegen fordert immer wieder auf, Möglichkeiten zur Entbürokratisierung zu benennen. Der mit dem großen „Bürokratiuspreis" honorierte Vorschlag sei als Musterbeispiel angeführt:

Bürokratie
Bürokratisierung
Entbürokratisierungsprogramm
Entbürokratisierungsprogramm-Kommission
Entbürokratisierungsprogramm-Kommissionsverwaltung
Entbürokratisierungsprogramm-Kommissionsverwaltungsbeamter
Entbürokratisierungsprogramm-Kommissionsverwaltungsbeamtenversorgung
Entbürokratisierungsprogramm-Kommissionsverwaltungsbeamtenversorgungsgesetz
Entbürokratisierungsprogramm-Kommissionsverwaltungsbeamtenversorgungsgesetzesflut
Entbürokratisierungsprogramm-Kommissionsverwaltungsbeamtenversorgungsgesetzesflutverwaltungsapparat
Entbürokratisierungsprogramm-Kommissionsverwaltungsbeamtenversorgungsgesetzesflutverwaltungsapparatsentbürokratisierung

Vielleicht hätten aber zwei andere Vorschläge mehr Aussicht auf Erfolg. Der erste stammt von Parkinson und lautet: „Bürokraten bekämpft man am besten, indem man ihre Vorschriften genau befolgt", und der zweite stammt von Morgens Glistrop: „Ein erster Schritt auf dem Weg zum Abbau der Bürokratie wäre die Anschaffung möglichst unbequemer Bürosessel."

Zahlen haben ja zu allen Zeiten eine große Rolle gespielt. Da gab es magische und sogar heilige Zahlen. Und nicht zu vergessen die Unglückszahlen, die „verflixte Sieben" oder den „Dreizehnten". Heute aber gibt es eine ganze Unmenge magischer Zahlen, auf die wir gebannt starren, nicht nur die Lottozahlen. Auch wenn wir uns immer dagegen sperren, daß der Mensch nur Zahl ist, zum Zahlenmaterial degradiert wird, lassen wir uns doch gerne in den Bann der Zahl ziehen. Wir erleben die Zeit immer mehr als Terminkalender voller Zahlen und suchen der Zeit eins auszuwischen, indem wir mit Tempo überholen. „Die Einführung der Hundertstelsekunden brach der guten alten Zeit das Genick", meint Werner Mitsch. Zeit ist bekanntlich Geld, und Geld zählt. Am Gehaltsstreifen lesen wir den Erfolg eines Menschen ab. Und keine Schönheitskonkurrenz kommt mehr ohne die Angabe von Maßen aus. „Die Zahl ist das Wesen aller Dinge", hatte der alte Pythagoras gesagt. Heute gilt mehr, daß wir unser Maß aus der Zahl beziehen. Wir stellen eine Beliebtheitsskala auf und orientieren unsere Ranglisten nach Tabellen. Werte richten sich an der Zahl aus, weil wir die Zahl überbewerten. Der Durchschnitt wird errechnet und liefert das Maß, das aber dann eben oft Mittelmaß ist. Und wer kann es sich schon leisten, von der Statistik abzuweichen, obwohl James Callaghan sagt: „Mit Statistiken kann man alles beweisen – auch das Gegenteil davon." Aber wollen Sie einer von den wenigen sein, wenn doch 89 Prozent anderer Meinung sind? Dabei gibt es eine so schöne Fabel von Helmut Arntzen: „Siehst du", hielten der einsamen Schwalbe die Spatzen an einem kalten Junitag vor, „du machst allein noch keinen Sommer." „Gewiß nicht", sagte die Schwalbe, „aber warum sind hundert ein Argument?"
Einen ganz besonderen Triumph feiert die Zahl heute aber in dem, was bei vielen einen immer größeren Teil des Lebens ausmacht, den Medien. Wer wohl dieses Zau-

berwort „Einschaltquoten“ entwickelt hat? Nun geht in aller Härte der Wettkampf mit den „Kabeln“ an, der Kampf um diese Quoten, an denen man den Erfolg einer Sendung, wie man glaubt, eindeutig ablesen könne. Vergeblich versuchte man zu beweisen, daß Quantität in Qualität umschlage. Aber nun scheint der Beweis einer Art Umkehrung erbracht: Qualität muß sich an Quantität beweisen. Und da jedes Mittel in diesem nervenaufreibenden „Struggle for life“ recht ist, schlage ich eine Möglichkeit vor, diese Quoten zu vervielfachen, etwa mit folgenden Sendungen:

Denver-Clan legt sich mit den Dallas-Leuten an. Oder: Der Derrick bricht beim Schimanski ein und klaut. Aber am Schluß erwischt ihn der „Alte“, der gar nicht ganz tot war und den die Sprechstunden-Kühnemann wieder auf Vordermann gebracht hat.

Oder: Georg Solti dirigiert bei den lustigen Musikanten mit der Hellwig und dem Placido Domingo den Erzherzog-Johann-Jodler.

Oder: Der Boris Becker läßt sich seinen Tennisarm in der Schwarzwaldklinik operieren und wettet dabei mit seinem Mitpatienten Thomas Gottschalk, daß er dem Professor Brinkmann die Schwester Christa ausspannt. Das gäbe Einschaltquoten. Wetten, daß ...?

Fortschrittsideologie

Noch vor ein paar Jahren war er einer der für Parteiprogramme unerläßlichen Begriffe. Auch in allen möglichen Plänen und Programmen tauchte er auf: der Fortschritt. Im Namen des Fortschritts, hieß es da oft, ist dieses oder jenes unerläßlich. Begriffe wie „fortschrittsfeindlich“ oder „nicht progressiv“ galten geradezu als Schimpfwörter. Seit ein paar Jahren hat sich nun eine interessante „Tendenzwende“ vollzogen. Zu viele negative Begleiterscheinungen des Fortschritts hatten nachdenklich gemacht, und die oft gedankenlose Fortschrittsgläubigkeit ist einer doch recht skeptischen Einstellung diesem gegenüber gewichen. Longoni hat dieser Skepsis recht eindrucksvoll so Ausdruck verliehen: „Die moderne Formel für die Entwicklung der Menschheit lautet: Fortschritt gleich Lärm plus Umweltverschmutzung plus Krebs, multipliziert mit Isolation."

Da und dort besteht nun sogar die Gefahr, daß das oft blinde Fortschrittsvertrauen einer wiederum recht kurzsichtigen Fortschrittsfeindlichkeit gewichen ist. Gleichbleibend bei diesem einseitigen „Für" oder „Wider" ist, daß man sich hier wie dort keine oder viel zu wenig Gedanken über Begriff und Wesen des Fortschritts macht. Zunächst ist der Fortschritt weder gut noch schlecht, er bedeutet lediglich eine Veränderung. Nun kann man bekanntlich von einem schlechteren in einen besseren, aber auch von einem besseren in einen schlechteren Zustand voranschreiten. Tatsache ist aber auch, daß jedes Fortschreiten ein Weggehen von einem gewohnten Standort bedeutet und somit auch ein Wagnis darstellt.

Wegschreiten allein, auch wenn es mit immer moderneren Mitteln der Fortbewegungstechnik geschehen mag, bedeutet aber beileibe noch keine Verbesserung. Außerdem ist eine Verbesserung auf dem einen Gebiet oft mit Verschlechterungen auf anderen Gebieten verbunden. Alberto Sardi meint hierzu humorvoll: „Den Fortschritt erkennt man daran, daß die Flüge kürzer werden, die Anfahrten zum Flughafen immer länger."

Diese Problematik hat sich besonders im Bereich der oft fadenscheinigen Umweltverbesserung gezeigt. Auch hätte man sich darüber im klaren sein müssen, daß es auf verschiedenen Gebieten eben keinen Fortschritt geben wird. Werte wie Liebe, Treue, Freundschaft sind nicht dem Fortschritt unterworfen. Allenfalls die Bedingungen mögen sich geändert haben.

Ein großer Irrtum der Fortschrittsgläubigkeit war auch, daß man glaubte, die Vervollkommnung der Mittel und

Methoden würde automatisch eine Verbesserung der Ergebnisse mit sich bringen. Recht sarkastisch meint Stanislaw Lec: „Ist es ein Fortschritt, wenn ein Kannibale Messer und Gabel benutzt?" Und Thornton Wilder verweist auf das Problem des Fortschritts, wenn er sagt: „Unter Fortschritt versteht man eher das Tempo als die Richtung." Und ähnlich formuliert John B. Priestley: „Leute, die den Fortschritt nur um der Bewegung willen haben möchten, kommen mir vor wie Autos mit Motoren, aber ohne Lenkrad."

In der Tat kann eine Gefahr der Fortschrittsgläubigkeit darin bestehen, daß man vor lauter Voranschreiten übersieht, daß es nicht nur eine horizontale Richtung gibt und man in einem blinden „Weiter" Wesentliches übersieht. So sagt Joseph Roth: „Der Begriff Fortschritt allein setzt bereits die Horizontale voraus. Er bedeutet ein Weiterkommen und kein Höherkommen." Und Christian Morgenstern warnt sogar: „Alles Vorwärts der Menschen geht auf Kosten ihres Einwärts."

Wichtig ist die Einsicht, daß vollkommenere Methoden allein ebensowenig ein besseres Leben bedeuten, wie mehr Wissen schon mehr Sinnerfüllung bringt.

Wie gesagt, muß aber auch davor gewarnt werden, den Fortschritt und alles, was damit zusammenhängt, zu sehr zu verteufeln. Zweifelsohne haben die Naturwissenschaften und die Technik enorme Erfolge erzielt, die sich für den Menschen sehr positiv auswirken können, vor allem, wenn er noch mehr als bisher lernt, das neue Wissen auch vors Gewissen zu bringen. Die medizinische Forschung kann als exemplarisch für diesen Fortschritt gelten. Aber gerade hier zeigt sich heute eine ganz wesentliche Neubesinnung. Die Medizin versucht sich heute wieder mehr vom reinen Spezialistendenken wegzubewegen, zurück zu einer größeren Orientierung am ganzen Menschen. Und mit diesem „Zurück" ist gesagt, daß Fortschreiten auch eine Rückbesinnung sein kann. In bloßer Rückschau, starrem Beharren an Gegenwärtigem und blindem

Losrennen in die Zukunft werden wir den Weg zur Bewältigung der Probleme unserer Zeit nicht finden. Fortschritt im Sinne einer Bemühung um eine bessere Welt bedeutet ein Lernen aus der Vergangenheit, ein sinnvolles Gestalten der Gegenwart und eine vertrauensvolle Hinwendung zur Zukunft und ihren Aufgaben. Fortschritt heißt Bewegung, aber auch Mut zum Standpunkt. G. K. Chesterton sieht den wahren Fortschritt darin, daß man „nach der Stelle ausschaut, auf der man stehenbleiben kann."

Fehlendes Verantwortungsbewußtsein

Bei Lukas 14,15ff. finden wir das Gleichnis „Das große Gastmahl", bei dem alle möglichen Gäste mit dem Satz: „Haltet mich für entschuldigt" der Einladung fernbleiben. Entschuldigungen spielen im Leben des Menschen eine große Rolle. In der Schulzeit schreiben Erziehungsberechtigte Entschuldigungen für ihre Kinder, wenn diese nicht zum Unterricht erscheinen können. Liebe Mamis haben auch sonst immer Entschuldigungen für ihre Kinder parat und lassen sich eine ganze Menge einfallen, um zu erklären, warum das Kind dieses oder jenes falsch gemacht hat. Der junge Mensch lernt auch beizeiten, sich zu entschuldigen. Er kann sich im doppelten Sinn entschuldigen: Einmal, indem er jemand für einen Fehler um Entschuldigung bittet, oder aber indem er auch sich vor sich selber ent-schuldigt, sich also selbst mehr oder weniger von seiner Schuld freispricht.

Da läßt sich der Mensch tatsächlich einiges einfallen, was ihn von seiner Schuld vor sich und anderen reinigen, ihn der Schuld entheben kann. In Bayern zum Beispiel gibt es einen großartigen Entschuldigungsgrund: den Föhn. Selbstverständlich läßt sich das Wetter in jeder Form für alles mögliche verantwortlich machen, wenn es gerade wieder einmal besonders schlimm ist – gleichgültig, ob zu warm oder zu kalt, zu stürmisch oder zu schwül. Dann gibt es natürlich den Entschuldigungsdauerbrenner, die Veranlagung, wonach die Gene, die man von den Vorfahren ererbt hat, dafür herhalten müssen, daß man halt gerade so und nicht anders ist.

Die letzten Jahrzehnte haben uns noch einen großartigen Entschuldigungsgrund bewußt gemacht: das Milieu, die Umwelt oder noch besser, die Gesellschaft. Von den gesellschaftlichen Verhältnissen her läßt sich nahezu alles rechtfertigen und entschuldigen. Denn was kann ich schon wirklich dafür, daß ich in eine solche Umwelt hineingeboren bin und die Gesellschaft so miserabel ist. Eine Besserung des einzelnen wäre nur möglich, wenn sich die gesellschaftlichen Verhältnisse ändern würden. Da muß man halt abwarten.

Manche Psychologen und Soziologen haben ein ganzes Arsenal an Entschuldigungen entdeckt, eine ganze Tastatur, auf der man beliebig spielen kann, wenn man schnell seine Schuld loswerden will. Diese modernen Sündenböcke lassen sich schnell und schmerzlos vorschieben, weil sie nichts kosten und so wohlklingend anonym sind. Da kann man sich sogar oft das kleine Wörtchen „Entschuldigung“ sparen, wenn man jemandem auf den Fuß getreten ist, denn schuld ist ja eigentlich auch wieder die Gesellschaft, weil sie nicht breitere Straßen baut, wo man mehr Platz hätte, oder zu wenig Verkehrsmittel einsetzt. Dann käme es nicht zu einem solchen Gedränge.

Ich will nicht leugnen, daß man mit dem Wort „Schuld“ oft Schindluder getrieben, daß man bei Kindern schon früh alle möglichen Schuldkomplexe erzeugt hat. Aber muß denn alles ins entgegengesetzte Extrem umschlagen, daß man nunmehr alles, aber auch alles entschuldbar macht? Wo bleibt da eigentlich die Freiheit des einzelnen, die selbstverantwortliche, mündige Persönlichkeit, von der doch gerade in unserer Zeit – zu Recht, wie ich meine – so viel die Rede ist. Interessant ist jedenfalls die Tatsache, daß es für den einzelnen so etwas wie ein Schuldbewußtsein geben muß, sonst bräuchten wir uns ja nicht nach Entschuldigungsgründen umzusehen. Ist es ein Aufblitzen von dem, was man Gewissen nennt? Vielleicht hat der eine oder andere gar kein so gutes Gewissen, wenn er es sich zu leicht macht mit dem Entschuldigen und dem Abschieben der Verantwortung.

Freiheit und Verantwortlichkeit sind Grundvoraussetzungen des Menschseins. Weil wir aber frei und verantwortlich sind, können wir auch schuldig werden. Es ist aber wiederum unserer Freiheit und Verantwortlichkeit anheimgestellt, uns zu entschuldigen, dieses Mal im anderen Sinne des Wortes: zu sagen, daß uns etwas leid tut, um Verzeihung zu bitten, etwas wiedergutzumachen, ja zu sühnen. Wer Entschuldigung nur als Abschieben betrachtet, läuft Gefahr, Schuld zu verdrängen und wirkliche Verzeihung nicht zu erlangen. Ladislaus Boros meint: „Der Mensch ist sich selber nicht gewachsen", und Albert Camus sagt: „Wir sind dazu verurteilt, größer zu sein, als wir sind." Maurice Blondel schließlich stellt fest: „Die Unzulänglichkeit in uns ist grenzenlos."
Das wäre fast wieder eine Art Entschuldigung für unser häufiges Versagen. Die Erkenntnis der eigenen Unzulänglichkeit, verbunden mit der selbstauferlegten Verpflichtung, es besser zu machen, könnte aber auch die Größe des Menschen ausmachen. Und so meint Christian Morgenstern: „Jeder von uns hat etwas Unbehauenes, Unerlöstes in sich, daran unaufhaltsam zu arbeiten seine heimlichste Lebensaufgabe bleibt."

Da gibt es jenen schönen Spruch, daß es besser ist, eine Kerze anzuzünden, als über die Dunkelheit zu schimpfen. Oder, daß es sinnvoller ist, seinem Nachbarn eine kleine Freundlichkeit zu erweisen, als ständig die ganze Menschheit retten zu wollen. Der Philosoph Immanuel Kant hat einmal die wichtigsten Fragen der Menschheit so formu-

liert: „Was kann ich wissen? Was darf ich hoffen? Und was kann ich tun?“ Vom Vorsatz zur Ausführung ist es bekanntlich meist ein sehr, sehr langer Weg, der in unseren Tagen zudem immer mehr gepflastert ist mit allen möglichen Paragraphen und Verordnungen.
Jenes fundamentale Gleichnis vom barmherzigen Samariter wandte sich seinerzeit schon gegen einige Verordnungen und Regelungen, die man bei allem möglichen Tun zu beachten hätte, und zeigt in großartiger Weise, daß man eben da hinlangen muß, wo es nötig ist, wo der Nächste einen braucht. Daß man bei einer Notwendigkeit sogleich zur Tat schreitet und nicht erst lange überlegt: „Ich müßte, man müßte. Man müßte nachdenken, wie man etwas tut, man müßte über das nachdenken, diskutieren, man müßte eine Kommission zur Diskussion über das Nachdenken einberufen“ und so weiter – bis es zu spät ist und nichts mehr hilft.

Als häufiger Vorwand, nicht zuzugreifen, nicht zu handeln, muß dann die Ausrede herhalten, daß man mit einer augenblicklichen Hilfe ja doch nicht sehr viel ändern, geschweige denn verbessern hätte können. Dadurch wäre nur das Gewissen beruhigt und die Tatsache verschleiert worden, daß das größere Ganze nicht in Ordnung sei. Da argumentiert man, man habe das Opfer eines Unfalls an der gefährlichen Wegkreuzung nur liegen lassen, um die Öffentlichkeit darauf aufmerksam zu machen, daß diese gefährliche Kreuzung endlich beseitigt oder durch Verkehrsampeln gesichert werden müsse.
So hätte man natürlich auch beim Gleichnis vom barmherzigen Samariter argumentieren können. Hilfe für den Verletzten ändere nicht den Umstand, daß es Räuber gebe, und man müsse wohl zunächst fragen, was in diesem Land faul sei, daß es überhaupt zu Raubüberfällen komme. Man hätte also den Hebel ganz woanders anzusetzen. Morgen würden die Räuber wiederkommen und neue Leute überfallen, und das Unwesen nähme nie ein Ende.

An diesem grotesken Salto mit der Logik ist sicher etwas Wahres. Natürlich muß man an das Nächste und das Fernere denken. Sehr häufig ist aber dieses Denken an das Fernere nur ein bequemes Ruhekissen für Faulheit in der Gegenwart und dafür, daß man zu träge ist, den erforderlichen Einsatz zu leisten. Derartiges hat Michael Ende meisterlich glossiert, wenn er Gründe nennt, beim Ausbrechen eines Brandes nicht zu löschen, sondern für sich selber das Zutreffende anzukreuzen:

- weil man sich für wichtigere Aufgaben bereithalten muß, zu denen man möglicherweise gerufen werden kann
- weil man auf Anweisung von oben warten muß
- weil man zunächst alle anderen vom Ausbruch des Brandes benachrichtigen muß
- weil es sowieso schon zu spät ist und nicht mehr lohnt
- weil man sehen will, was die anderen jetzt ohne einen anfangen
- weil es in gewisser Weise schon oft gebrannt hat, und man daran gewöhnt ist, daß bisher immer alles gutging
- weil man zunächst eine Feuerwehrtruppe aufbauen und alles gründlich planen muß
- weil man den Brand nicht gelegt hat, und Löschen den Eindruck erwecken könnte, man habe ein schlechtes Gewissen.

Die Aufzählung ließe sich zu einer „unendlichen Geschichte" fortsetzen …

Die gleiche Problematik habe ich in meinem Gedicht „Barmherziger Samariter modern" zum Ausdruck gebracht:

Ich helfe
ich müßte helfen
man müßte helfen
man müßte darüber nachdenken, wie man helfen könnte
man müßte darüber diskutieren, wie man übers Helfen nachdenken könnte
man müßte eine Kommission bilden, in der man darüber diskutiert, wie man übers Helfen nachdenken könnte
man müßte einen Termin für eine Tagung finden, in der man berät, welche Leute in die Kommission hineinkommen sollen, in der man diskutiert, wie man übers Helfen nachdenken könnte

Zum Nachdenken und Weiterdenken

Der Katalog von Michael Ende ließe sich mit Sicherheit ergänzen.
Haben Sie schon darüber nachgedacht, was es bedeutet, wirklich das Richtige im richtigen Augenblick gemacht zu haben?
Versuchen Sie sich an Gefühle zu erinnern, die Sie empfanden, wenn etwas verschoben wurde, was im Augenblick zu tun gewesen wäre.
Vielleicht schieben auch Sie gerade etwas vor sich her?

Sankt Pluralismus

Vor einiger Zeit ging es an, daß man seinen Namen überall hörte. Man fühlte sich an Peter Hebels großartige Geschichte vom „Kannitverstan“ erinnert.
Sie wissen schon: Ein Wandersmann aus Deutschland erhält in Holland auf seine Fragen immer wieder die Antwort „Kann nit verstan“ (ich kann nicht verstehen) und hält den „Kannitverstan“ dann für die bedeutendste Persönlichkeit.
Fast ebenso ist es jemand ergangen, der eine Begründung für irgendwelche Leitsätze, Lehrpläne oder ähnliches suchte. „Wir müssen dem ‚Pluralismus‘ gerecht werden“, hieß es da, und „entsprechend der pluralistischen Struktur unserer Gesellschaft dürfen wir nicht, müssen wir ...“ Weltanschauliche Begründungen für Unterricht, Erziehung, Ethik, Moral und so weiter waren nicht mehr gefragt. Sie wurden von dem oft recht kritiklos angenommenen Gültigkeitsanspruch der Gesellschaftswissenschaften als „unwissenschaftlich“ abgetan. Zeitweise hatte man sogar innerhalb von Glaubensgemeinschaften den Eindruck, die einzige Autorität, die nicht in Frage gestellt würde, sei der „Sankt Pluralismus“.
Wir müssen uns darüber im klaren sein, daß eine Demokratie Rücksicht und Toleranz zwischen den verschiedenen Weltanschauungsgruppen erfordert, sollten aber nicht glauben, allen am besten gerecht zu werden, indem wir versuchen, beispielsweise die Medien von Weltanschaulichem möglichst freizuhalten. Da gibt es zwar, das sei ohne weiteres eingeräumt, eigene Sendungen für die einzelnen Weltanschauungsgruppen, auch im Sinne einer christlich-abendländischen Denktradition. Sendungen aus dem Alltag und Unterhaltungsprogramme versuchen sich aber meist streng an die sogenannte Weltanschauungsneutralität zu halten. Ich spreche bewußt von „versuchen“, denn gerade im Unterhaltungsbereich läßt sich feststellen, wie häufig hier irgendwelche weltanschau-

lichen Aussagen gemacht werden. Man betrachte nur die Schlagerszene, wo die Texte oft eindeutige Aussagen über die Einstellung zur Welt, zu Mitmensch und Leben wiedergeben. Auch in Krimis, Lustspielen und so weiter werden alle möglichen Grundeinstellungen des Menschen sichtbar.

Ist Ihnen aber schon aufgefallen, daß man Religiöses hier immer mehr auszuklammern versucht? Allenfalls werden da und dort noch Zerrbilder vorgestellt. Kann man aber religiöse Aussagen nur in ein Kästchen einsperren? Spielt denn die Religion in unserem Leben wirklich gar keine Rolle mehr, weil man kaum mehr in einem Film eine Äußerung christlicher Gläubigkeit findet, zum Beispiel ein Gebet am Morgen oder bei Tisch, einen sonntäglichen Meßgang, ein Wort über Gott? Gehört das Verhältnis zu Gott nicht immer noch zum täglichen Leben vieler Menschen? Warum klammert man seinen Namen so stark aus? Ist Gott so „out", oder scheut man sich nur vor seinem Namen, um mit dem „Pluralismus" nicht in Konflikt zu kommen? Lassen sich Haltungen, wie Glaube an, Hoffnung auf, Vertrauen in, Dankbarkeit gegenüber Gott auf ein paar religiöse Sendungen beschränken?

Vor einiger Zeit erbrachte eine Untersuchung das erstaunliche Ergebnis, daß das Wort „Gott" in Kindersendungen der letzten Jahre überhaupt nicht mehr genannt wurde. Auf dem Schlagersektor dagegen hört man Gott sei Dank den Namen Gott immer wieder. Leider Gottes aber ist es bloß der des Schlagersängers Karel Gott.

Langeweile

„Jeder dritte leidet am Wochenende an Langeweile." So lautete vor kurzer Zeit eine Überschrift in der Zeitung. Die Volksbefrager haben wieder einmal etwas Neues entdeckt. Immer mehr Deutsche langweilen sich, vornehmlich an Sonn- und Feiertagen. Das mutet angesichts der

Forderung nach mehr Freizeit geradezu grotesk an. Wir fordern mehr freie Zeit, ohne mit der, die schon bisher zur Verfügung steht, etwas anfangen zu können.
Selbstverständlich rufen solche Erscheinungen dann auch eine Schar an Wissenschaftlern auf den Plan, die psychologische und pädagogische Erklärungen und ihre Freizeittips abgeben. Erst einmal bekommen wir eine Menge von Zahlen geliefert, die ganz genau aufschlüsseln, wer von dieser (Frei-)Zeitkrankheit am meisten befallen ist. Wir erfahren, wie vielen Leuten unter zwanzig, über sechzig und so weiter, wieviel Männern oder Frauen, Unter-, Mittel-, Oberschichtsangehörigen, Verheirateten, Ledigen, Katholiken, Protestanten und so weiter es langweilig ist. Und wir bekommen „wissenschaftlich abgesicherte" Feststellungen zu hören, die, wenn man sie von einigem Fachjargon befreit, oft recht banal klingen. Etwa, daß Einsamkeit, zu wenig zwischenmenschliche Kontakte, ein mangelndes Beschäftigungsfeld oder dergleichen der Grund von Langeweile sind. Ein Freizeitpädagoge gibt den großartigen Ratschlag: „etwas mehr Abwechslung".
Plötzlich besinnt man sich sogar wieder auf die in der Befreiungsideologie fast vergessene Tatsache, daß in einer lebendigen Familiengemeinschaft kaum Langeweile aufkommt. Vielleicht wird man auch bald wieder dem staunenden Laien als neuesten wissenschaftlichen Schrei kundtun, was der Verfasser dieser Zeilen seit Jahr und Tag sagte: Ohne aufwendige Forschungsinstitute und mit demselben bißchen gesunden Menschenverstand, der jedem Leser dieser Zeilen von Haus aus gegeben ist: Denkt bei all den emanzipatorischen Bestrebungen auch ein wenig daran, daß ihr euch nicht nur ständig von euren Mitmenschen wegbefreit in eine rein egoistische Vereinzelung hinein! Leider wurde aber die Selbstverwirklichung von manchen verwechselt mit dem „Nur an sich denken", nur das zu tun, was einem gerade Spaß macht. Dabei ist es doch auch eine ganz simple Erkenntnis, daß der Mensch, der auf den Mitmenschen angelegt ist, den ande-

ren zu seiner Verwirklichung braucht. Wie der Religionsphilosoph Martin Buber so schön sagt: „Der Mensch kommt erst am Du zum Ich." Leben zu zweit oder in einer Familie bringt gewiß eine Menge von Einschränkungen und Verantwortung. Ich behaupte aber – wiederum ohne längere wissenschaftliche Forschung – daß derjenige, der sich verantwortlich weiß, der gelernt hat, sich um den andern zu kümmern, unter der Personengruppe zu finden sein wird, die wohl am wenigsten Langeweile empfindet. Gern gebe ich zu, daß es auch eine unverschuldete Einsamkeit gibt, daß Menschen, von Schicksalsschlägen getroffen, plötzlich allein dastehen, daß gerade in Großstädten viele einsame alte Leute zu finden sind. Und doch bin ich der Meinung, daß dieses Problem sich bewältigen läßt. Ich erlebe immer wieder mit großer Freude, wieviel gerade heute getan wird, um alten Menschen zu helfen.
In Pfarreien, Volkshochschulen und so weiter existieren Unmengen von Angeboten, die auch genutzt werden: Nachbarschaftshilfe, Seniorennachmittage, Seniorenfahrten und ähnliches. Großartig empfinde ich es immer wieder, wieviel Engagement gerade alte Leute aufbringen und wie sie sich zur Verfügung stellen, wann und wo sie gebraucht werden. Was vielleicht noch mehr not tut, ist, daß man die Menschen über die vielen Möglichkeiten informiert.

Wenn Kinder sich langweilen, wenn speziell solche, die über zu große Arbeitsbelastung durch die Schule jammern, auch ihre Freizeit als langweilig empfinden, sollte man bedenken:

- daß ein Zuviel an Spielzeug schuld sein kann, wenn sich Kinder mit keinem mehr intensiv beschäftigen wollen,
- daß Spielzeuge nicht alles automatisch selber machen sollen, sondern Raum für Phantasie und Eigentätigkeiten geben dürfen,
- daß Fernsehen kein Ersatz für eigene Erfahrungen ist, und die immer längeren Einschaltzeiten auch bei Kin-

dersendungen Vorschub dafür leisten, daß Kinder nichts mehr mit sich und ihrer Umwelt anfangen können,
- daß stundenlanges passives Anhören von Musik nicht die alleinige Freizeitbeschäftigung sein sollte.

Ohne den Jugendlichen die Freude an Walkman und Disco verleiden zu wollen, ist doch zu fragen, ob diese nicht da und dort die so oft beklagte Kontaktlosigkeit vorantreiben, wenn sie zum fast alleinigen Ersatz für ein Gespräch oder gemeinsames Tun werden.

Ich meine, man sollte bei Gott aus den sogenannten wissenschaftlichen Erkenntnissen über die Langeweile nicht wieder gleich eine neue Freizeitkrankheit machen. Vieles, was ich persönlich erlebe, gibt Grund zur Hoffnung, daß Junge und Alte gerade heute wieder das Großartige der ihnen geschenkten Zeit entdecken. Wir können eine enorme Besinnung auf menschliche Beschäftigungen wie Musizieren, Werken, Malen feststellen, aber auch auf soziales Engagement. Viele haben auch entdeckt, daß Lesen oft viel mehr Freude machen kann als Fernsehen, weil hier die eigene Phantasie und Vorstellungskraft angespornt wird. Wieviel mehr – wenn diese Bemerkung eines alten Karl-May-Verehrers gestattet ist – hat uns ein Buch von diesem Schriftsteller gegeben als der entsprechende Film! Man denke aber auch an andere durchaus geglückte Verfilmungen von Jugendbüchern!
Zweifelsohne läßt auch das Medium Rundfunk noch mehr Raum für Phantasie als das Bild. Ein echter Langeweile-Töter ist aber, wie gesagt, nach wie vor das Lesen. Der Kinder- und Jugendbuchautor Erich Kästner hat einmal gesagt: „Denkt an das fünfte Gebot: Schlagt eure Zeit nicht tot!“ Es wäre schon eine schlimme Zeitkrankheit, wenn wir mit der Zeit gar nichts anderes mehr anzufangen wüßten, als Bücher von Pädagogen oder Psychologen über das Thema „Langeweile als Zeitkrankheit“ zu lesen.

Michael Ende fragt: „Wir wissen inzwischen: wer längere Zeit am Träumen gehindert wird, verliert buchstäblich den Verstand. Könnte es nicht sein, daß unsere Gesellschaft an ebendieser Krankheit leidet?"
Gewiß, Träume bestimmen nicht alles im Leben. Es ist auch nicht sinnvoll, sich in Träume zu flüchten. Doch die menschliche Natur verlangt nun mal einen rhythmischen Wechsel zwischen Anspannen und Entspannen. Zum Entspannen gehören zweifellos die Träume. Ob in schlafendem oder wachem Zustand.
Sie sind etwas Geheimnisvolles und nie ganz erforschbar. Man stellt sie in Gegensatz zur Realität, zur harten Wirklichkeit, jedoch ohne genau zu wissen, was diese sogenannte Realität tatsächlich ist. Sind Träume nicht mindestens ebenso wirklich wie die Realität? Ist nur leider in unserer Wirklichkeit derzeit kein Raum für Träume? Nicht mal mehr in der Kindheit, jener Zeit des Ineinanderverwobenseins von Traum und sogenannter Wirklichkeit? Rationalisieren wir Träume nicht nur deshalb weg, weil sie – irgendeiner Ideologie zufolge – nichts bringen?
Wolfgang Herbst sagte: „Der Traum ist eine Wirklichkeit erster Ordnung; alle übrigen Realitäten sind aus zweiter Hand." Alfred Nowaczinsky meint: „Nicht der ist arm, der sich keinen Jugendtraum erfüllte, sondern der schon in der Jugend nichts träumte."

Da man ganz ohne Träume offensichtlich nicht leben kann, liefern uns die sogenannten Traumfabriken ständig frei Haus Fertigprodukte, die man aber nicht mal zu Ende träumen kann, weil ein Produkt das andere jagt. Die Bilder, die wir durch unseren Berieselungsapparat geliefert bekommen, prasseln durch unsere Sinnesorgane hindurch und hinterlassen nichts als allenfalls ein paar Abschürfungen. Während diese Schnellbilder kaum mehr zulassen, daß man sich daraus ein Bild macht, weil alles

bereits vorgedacht ist, sind wahre Träume „Gedanken in viele Richtungen und Zusammenhänge zugleich“ (Lohberger).
Träume und Phantasien sind Grundvermögen des Menschen. Er ist nicht zuletzt dadurch Mensch, daß er sich etwas vorstellen kann. Muschg bezeichnet Phantasie als „schauende Kraft“, als das „eigentlich Schöpferische im Menschen“, den „Überfluß, der die Schönheit des Lebens ausmacht“.
Wiederum sei Michael Ende zitiert: „Für mich ist gerade das, was den Menschen so ungeheuer kostbar macht, seine schöpferische Fähigkeit, das heißt, daß aus jedem Menschen eine ganz neue Welt hervorgehen kann. Das unterscheidet ihn vom Tier. Das Tier steht in einer gewissen Kausalität, bleibt darin verhaftet und kann aus dem Kausalkreis seiner Instinkte nicht ausbrechen. Kein Tier kann beschließen, Vegetarier zu werden. Das Tier ist entschieden, der Mensch muß sich entscheiden. Er kann sich selbst bestimmen, und dort, wo man ihm das Menschsein nicht gewaltsam verweigert, tut er es auch. Dort ist er kreativ und schöpferisch, schafft neue Welten, neue Kulturen, neue Begriffe und neue Werte. Das ist für mich das Entscheidende.“

Im derzeit modischen Multiple-Choice-Verfahren hat man drei Antworten zur Auswahl. Eine davon ist richtig. Kann man aber auch im Leben immer nur eine Antwort als richtig ankreuzen? Ist es nicht wichtig, über Richtig und Falsch nachzudenken, Beziehungen herzustellen? Wenn man die Phantasie geistlos ausklammert, muß man sich nicht wundern, wenn viele Menschen als ihr Lebensgefühl Langeweile, Öde und Leere nennen. Denn die Phantasie ist „der Goldglanz, der über dem Dasein liegt und es über das Grau des Alltags erhebt“ (Lindenberg).
Sie erst befähigt uns, aus der Realität etwas zu machen. Sie scheint den Fortschritt zu hemmen, denn sie braucht Zeit. Sie ist, wie Rudolf Rolfs es einmal nannte, geradezu

die „Bleisohle des Fortschritts“. Aber nur bei einseitigem Denken, das Quantität vor Qualität stellt. Es ist ein Irrtum, daß eine Methode nur gut und richtig sein kann, wenn sie möglichst schnell zu einem Ziel führt – wobei es unwichtig ist, über dieses Ziel überhaupt Bescheid zu wissen. Auch die Phantasie halten viele – ohne daß sie dies näher begründen – für unrealistisch:

„Was du nicht kennst, das meinst du, soll nicht gelten?
Du meinst, daß Phantasie nicht wirklich sei?
Aus ihr allein erwachsen künftige Welten:
In dem, was wir erschaffen, sind wir frei.“

(*Michael Ende*, Gauklermärchen)

Eduard Spranger schreibt: „Phantasie ermöglicht uns Freiheit, ja, sie ist geradezu eine bescheidene Teilhabe, wie der liebe Gott die Welt sieht: von oben und frei.“

Wo man also Traum und Phantasie verbannt, werden gravierende Mängelerscheinungen auftreten. Gerade in unserer Zeit der Computer ist es notwendig, die ursprüngliche Kraft der Menschen zu stärken. Schon der erste Bundespräsident Theodor Heuss stellte fest: „Eines Tages werden Maschinen vielleicht denken, aber sie werden niemals Phantasie haben.“
Noch einmal: Phantasie erst macht den Menschen frei, stark, schöpferisch, erfüllt und versetzt ihn in die Lage, auch einmal Materie, Zeit und Raum zu überspringen. Sie ist die Grundlage des Fragens, jener, laut Heidegger, „Frömmigkeit des Denkens“, sie gibt dem Leben Farbe. Sollen denn am Ende aus unseren Lernfabriken immer mehr Menschen herauspurzeln, die phantasieloser sind als die Schaufenster eines Supermarkts?
Da Phantasie nicht nur ein Grundvermögen, sondern auch ein Grundverlangen ist, greifen zu viele Menschen zu Drogen, in Pillen- oder Pulverform, oder zur Spritze. Nur weil ihnen das endlich einen Ausflug, einen Trip aus

der Wirklichkeit ermöglicht, wagen sie diese gefährlichen, am Ende tödlichen Reisen. Gibt es denn wirklich nirgends so etwas wie eine „Schule der Phantasie“, wie sie der Münchner Kunstprofessor Rudolf Seitz propagierte? Es muß sich doch eine Lösung gegen diese geistige Verarmung finden lassen!

Zum Nachdenken und Weiterdenken

Vergleichen Sie die Aufsätze zu den einzelnen „Sinnkillern“ miteinander!
Sehen Sie Gemeinsamkeiten?
Wie beurteilen Sie die verschiedenen Aussagen?
Sprechen Ihre persönlichen Erfahrungen eher dagegen oder können Sie manche Beobachtungen bestätigen?

Ein Versuch, aus den verschiedenen Bestimmungen Wesentliches herauszugreifen, könnte zu folgenden Ergebnissen führen:

- Es gibt Sinn im Hinblick auf etwas, aber auch so etwas wie einen absoluten Sinn.
- Es gibt einen alles Denken und Tun bestimmenden Sinn, eine Art geistige Mitte.
- Sinn ist das Durchschauen, das Erkennen von größeren Zusammenhängen.
- Sinn ist etwas, was mir Zugang und Verständnis ermöglicht.
- Sinn, und Erfahrung von Selbstverwirklichung, resultiert aus der Bejahung von Handlungen, die in einem größeren, bejahbaren Zusammenhang stehen.
- Sinn ist das Ganze in seinen Teilmomenten.
- Sinn ist die Bedeutung des größeren Ganzen selbst (z.B. Geschichte, Kultur, Leben).
- Sinn ist Ordnung.
- Sinn ordnet, Ordnung bezeugt Sinn.
- Sinn ist lebendige Ordnung.
- Sinn lebt in Ordnung. Ordnungen können aber ihren Sinn verlieren, sie können als erstarrtes fossiliertes Gerippe ihren Sinn überdauern.
- „Sinnentleerte, tote Ordnungen sind unsinnig, widersinnig." (Schleißheimer, Bernhard: Der Sinn, das Gute und die Werte. In: Sinn- und Wertorientierung als Erziehungsauftrag der Schule. München 1978, S. 17)
- Sinn ist etwas individuell Erlebbares und Erfahrbares. In jedem Leben geht es um den eigenen Sinn. Jeder Tag, jede Stunde kann mit einer neuen Sinnerfahrung aufwarten, auf jeden wartet eine besondere Sinnerfahrung. Sinnerfahrungen sind existentiell und unbeliebig.
- Es geht um den Sinn meines Lebens. Die Sinnsuche ist eine Aufgabe, die nur ich unvertretbar leisten kann.

Dabei handelt es sich nicht um ein fertig vorgegebenes, nicht um ein abgeschlossenes Ganzes, dessen Sinn es erst im nachhinein zu verstehen gilt, sondern um den nie endenden Prozeß der Sinnsuche.

Entscheidend für das Glücken dieser Aufgabe ist die Zustimmung zu uns selbst innerhalb des größeren Ganzen und in bezug auf dieses.

Die Erfahrung unserer Endlichkeit gefährdet immer unsere Sinngewißheit, denn auch wenn Sinnerfahrungen im Leben möglich sind, bleibt die Frage, ob wir im Sinn gehalten werden, persönlich Sinn und Bestand haben.

Sinn läßt sich nicht rein naturwissenschaftlich, aber möglicherweise auch nicht rein philosophisch erlangen. Haltungen wie Glaube und Hoffnung machen diese Aussage erfahrbar.

Den Sinn unseres Lebens können wir nie „haben“, „besitzen“. Es gibt im Laufe unseres Lebens immer wieder neue Sinn- und Unsinnserfahrungen. Unser Verstehen von Sinn ist außerdem verwiesen auf die Begegnungen von Mitmenschen, auf Gespräch, Information, Erziehung.

Sinn kann man nicht einfach lehren oder weitergeben, man muß versuchen, ihn vorzuleben.

„Ursprüngliche Ermöglichung des Verstehens eines Lebenssinns ist ein Urvertrauen in die Sinnhaftigkeit unseres Daseins ... Dieses Urvertrauen ist zuallererst die Frucht frühkindlicher Geborgenheit und Umsorgtheit. Die frühe Erfahrung des Einbezogenseins in eine Sinnordnung und des Anerkanntseins des eigenen Lebenssinnes ist Grundlage und Voraussetzung aller späteren eigenen Sinnfindung.

... Das ganze Leben hindurch bedürfen wir deshalb des Halts und der Stütze unseres Selbstverständnisses und Sinnverständnisses in der Bejahung und Anerkennung, in der Zuwendung und Liebe unserer Mitmenschen.“ (Schleißheimer, Bernhard: Der Sinn des Guten und die Werte, S. 48)

In seinem Buch „Wie finde ich zum Sinn des Lebens?“

stellt Georg Moser acht Thesen zum Thema „Sinn und Sinnsuche“ auf:

- Sinn ist mehr als Zweck und Nutzen; Sinn hat es mit dem Ganzen des Lebens zu tun.
- Sinn bekommen wir nicht in einer fertigen Formel geliefert; Sinn enthüllt sich im Werdeprozeß des Lebens.
- Sinn empfangen und Sinn stiften müssen sich ergänzen.
- Nur in Treue und Geduld verwirklichen wir unseren Lebenssinn.
- Die Sinn-Gestalt wandelt sich in den verschiedenen Lebensphasen.
- Den Lebenssinn finden wir nicht allein.
- Wer Sinn erfahren und erfüllen will, nehme seine Lebenswirklichkeit an und verändere sie zum Besseren.
- Nur dann hat das Leben einen Sinn, wenn dieser über den Tod hinaus gilt.

(Moser, G.: Wie finde ich zum Sinn des Lebens? Freiburg/Basel/Wien 1978, 4. Auflage)

Zusammenfassung „Die Frage nach dem Lebenssinn“

Können Sie sich noch daran erinnern?

- In Märchen treffen wir immer wieder auf das Motiv der Sinnsuche.
- Blinde Gläubigkeit an Teilbereiche der Wissenschaft läßt uns oft an den existentiellen Fragen des Menschen vorbeigehen.
- Persönliche Sinnfragen haben wenig Platz in einer statistischen Festlegung.
- Verantwortung wird allzu häufig auf anonyme Gebilde, wie „die Gesellschaft“, „das Genetische“, das „Milieu“ übertragen.
- Vordergründige Kenntnisse und überprüfbare Lernleistungen, die den Blick für Sinnzusammenhänge geradezu verdecken, werden verstärkt angestrebt.
- Verunsicherung in weltanschaulichen Bereichen führt häufig zu Resignation.
- Genormte Verhaltensmuster erschweren Kindern und Jugendlichen die Auseinandersetzung mit den persönlichen Sinnfragen.
- Der Sinn unseres Lebens ist nicht wie eine mathematische Formel vorgegeben.
- Wir bedürfen eines Verständnisses vom Sinn des eigenen Daseins, um leben und handeln zu können.

Bevor Sie weiterlesen, wäre jetzt der richtige Zeitpunkt, Ihre eigenen Gedanken zum Thema des 2. Kapitels zu formulieren.

Wie geht es jetzt weiter?

In Kapitel 3 setzen wir uns mit dem Verhältnis zu Leben und Tod auseinander.

- Können Sie sich der Meinung von Georg Moser anschließen, daß das Leben nur dann einen Sinn hat, wenn dieser über den Tod hinaus gilt?
- Haben Sie schon darüber nachgedacht, was der Tod für Ihr Leben bedeutet?
- Mal ehrlich, haben Sie in einem Buch über den Sinn des Lebens dieses Thema erwartet?

Kapitel 3

Das Verhältnis zu Leben und Tod

Der Kirschbaum steht in voller Blüh',
Das Gras ist saftig, 's Jahr ist früh.
Es wächst und treibt, ist voller Leben.
Und dennoch steht Er schon daneben.

Es steht das Korn noch auf dem Feld.
Die Ähren sind ganz reif und gelb.
Dazwischen leuchtet rot der Mohn.
Der Bauer wetzt die Sensen schon.

Nun sieht das Kind man in der Wiegen
als ein ganz kleines Bündel liegen.
Noch macht's den ersten kleinen Schritt.
Doch Er, er geht schon immer mit.

Noch kräht ganz früh der Gockelhahn.
Noch lacht der Bursch sein Mädchen an.
Noch pfeift der Vogel, springt das Reh.
Da steht Er schon ganz in der Näh'.

Der Baum, der noch im Walde steht,
ist bald vielleicht bloß noch ein Brett.
Der Schreiner zimmert bald schon draus
für jemanden das letzte Haus.

Das Pferd, das auf der Weide springt,
die Kutsche bald zum Friedhof bringt,
vielleicht in ein paar Wochen bloß.
Er sitzt als Kutscher auf dem Roß.

Bruder Tod, grüß dich Gott.
Bist immer dabei.
Bruder Tod, grüß dich Gott.
Ich werd' nie ohne dich sein.

Angst

Angst vor der Zukunft, Angst vorm Weltkrieg, Angst vorm Leben, Angst vorm Untergang unseres Planeten. Und sicher gibt es zur Zeit auch eine ganze Reihe von Meldungen, die uns Angst einjagen können: die unsichere politische Lage, die Verschmutzung unserer Meere, das gestörte ökologische Gleichgewicht und vieles mehr. Gerade auf dem Sektor des Umweltbewußtseins könnte die Angst aber auch dazu beitragen, daß sich die Menschen etwas einfallen lassen und unseren Planeten nicht weiter so ausbeuten. Angst hat ja den Menschen immer auch zur Flucht nach vorne angespornt, seine Phantasie beflügelt und ihn angetrieben, neue Möglichkeiten zu entdecken, sich zu schützen und abzusichern.

Angst kann Selbstbesinnung und Gegenkräfte aktivieren. Ich habe aber Angst, daß gerade in diesem Punkt das große Heer der Angstmacher nicht mitmacht. Viele der Untergangspropheten steigern nur die Angst und bewirken lediglich eine allmähliche Resignation. Angst kann natürlich auch lähmen. Das geschieht aber vor allem da, wo man immer nur auf die Zwänge um uns verweist und den einzelnen als ohnmächtiges Opfer derselben darstellt. Meines Erachtens führt dieses ständige Angstgerede nur allzuleicht dazu, daß man zwar mit aufgerissenen Augen auf den allgemeinen Weltuntergang starrt, aber seine nähere Umwelt und seine eigenen Probleme nicht mehr sieht. Über dem Blick auf anonyme, globale Probleme verlernen wir, mit uns selbst fertig zu werden, mit uns selbst ins reine zu kommen.

Ich habe einen Bekannten, der hat bereits seine Fahrkarte nach Kanada, wo, wie er glaubt, die Welt nicht untergehen wird. Nun, ich meine zwar, daß eine eventuelle Katastrophe unseren ganzen Planeten bedrohen wird, aber angenommen, Kanada würde wirklich verschont, kommt der Betreffende *Ihm* wirklich aus? Das scheinen einige dieser Aussteiger zu glauben. Sie rechnen nicht damit, daß *Er* ihnen schon bei der Überfahrt ein Schnippchen schlagen, daß *Er* in Form einer Aufregung, eines kleinen Überfalls, eines Virus, einer Krankheit zuschlagen könnte.

Ihn aber, meine ich, haben wir etwas verdrängt, in einer Zeit der Berechenbarkeit rechnen wir nicht mehr mit ihm. Wir lesen zwar ständig von ihm, sehen seine Bilder, aber wir sehen ihn halt immer nur als den Tod des anderen. Wie kurzsichtig es ist, zu meinen, man könne dem Gevatter Tod für immer von der Pfanne hüpfen, hat Sigi Sommer in der Glosse „Wie die Lemminge" festgestellt, als er schrieb, daß er wenig davon hält, sich in eine atomsichere Stahlkugel zu verkriechen, die man tief im Meer versenkt, weil auch da der „Boandlkramer" sowieso mit einsteigen würde.

Zum Nachdenken und Weiterdenken

Wovor haben Sie in ihrem Leben Angst?
In welchen Situationen wirkt die Angst beflügelnd auf Sie, wann schnürt sie Ihnen die Kehle zu?
Was bedeutet die Tatsache des sicheren Todes für Ihre Einstellung zum Leben?

Vergänglichkeit

Auf der Suche nach dem, was der Mensch ist, stoßen wir merkwürdigerweise immer wieder auf das Thema „Endlichkeit, Tod und Sterben". So finden wir bereits bei Homer in der Ilias die Zeilen:

„Gleich wie Blätter im Walde, so sind die Geschlechter der Menschen; einige streut der Wind auf die Erde hin, andere wieder treibt der knospende Wald, erzeugt in des Frühlings Wärme; so ist das Menschengeschlecht, dies wächst und jenes verschwindet."

Aristophanes schreibt in seinem Stück *Die Vögel:* „Oh, ihr Menschen, verfallend dem dunklen Geschicke, den Blättern des Waldes vergleichbar, ohnmächtige Zwerge, Gebilde von Lehm, traumähnliche Schattengestalten, oh ihr Eintagsfliegen, der Flügel beraubt, ihr erbärmlich-verwesliche Wesen!"

Bei Pindar steht in den pythischen Oden der Satz: „Eintagsgeschöpfe! Was ist jemand? Was ist niemand? Eines Schatten Traum sind Menschen."

So finden sich dann auch in der Literatur immer wieder Gedichte, in denen gerade diese Seite unseres Daseins beschrieben wird: unsere Fragwürdigkeit angesichts der Tatsache, daß wir uns vor Leid und Tod gestellt sehen. Auf den folgenden Seiten habe ich einige willkürlich ausgewählte, aber typische Beispiele zusammengestellt.

Vanitas! Vanitatum Vanitas!

Die Herrlichkeit der Erden
Muß Rauch und Aschen werden,
Kein Fels, kein Erz kann stehn.
Dies, was uns kann ergötzen,
Was wir für ewig schätzen,
Wird als ein leichter Traum vergehn.

Was sind doch alle Sachen,
Die uns ein Herze machen,
Als schlechte Nichtigkeit?
Was ist des Menschen Leben,
Der immer um muß schweben,
Als eine Phantasie der Zeit?

Der Ruhm, nach dem wir trachten,
Den wir unsterblich achten,
Ist nur ein falscher Wahn;
Sobald der Geist gewichen
Und dieser Mund erblichen,
Fragt keiner, was man hier getan.

Es hilft kein weises Wissen,
Wir werden hingerissen
Ohn einen Unterschied.
Was nützt der Schlösser Menge?
Dem hie die Welt zu enge,
Dem wird ein enges Grab zu weit.

Dies alles wird zerrinnen,
Was Müh und Fleiß gewinnen
Und saurer Schweiß erwirbt;
Was Menschen hier besitzen,
Kann für den Tod nicht nützen,
Dies alles stirbt uns, wenn man stirbt.

(Andreas Gryphius)

Es liegt an eines Menschen Schmerz

Es liegt an eines Menschen Schmerz,
an eines Menschen Wunde nichts.
Es kehrt an das, was Kranke quält,
sich ewig der Gesunde nichts!
Und währet' nicht das Leben kurz,
das stets der Mensch von Menschen erbt,
so gäb's Beklagenswerteres
auf diesem weiten Runde nichts!
Einförmig stellt Natur sich her,
doch tausendförmig ist ihr Tod.
Es fragt die Welt nach meinem Ziel,
nach deiner letzten Stunde nichts.
Und wer sich willig nicht ergibt
dem eh'rnen Lose, das ihm dräut,
der zürnt ins Grab sich rettungslos
und fühlt in dessen Schlunde nichts.
Dies wissen alle, doch vergißt
es jeder gerne jeden Tag.
So komme denn, in diesem Sinn,
hinfort aus meinem Munde nichts!
Vergeßt, daß euch die Welt betrügt
und daß ihr Wunsch nur Wünsche zeugt,
laßt eurer Liebe nichts entgehn,
entschlüpfen eurer Kunde nichts!
Es hoffe jeder, daß die Zeit
ihm gebe, was sie keinem gab,
denn jeder sucht ein All zu sein,
und jeder ist im Grunde nichts.

(August von Platen)

Eines der größten Probleme unserer Zeit besteht wohl darin, daß wir existentielle Fragen verdrängen, und dazu gehört selbstverständlich auch die Frage nach dem Ende unseres Daseins.

„Der Mensch stirbt nur einmal in seinem Leben, und da es ihm an Erfahrung gebricht, stirbt er verfehlt. Damit ihm das Sterben gelänge, muß er lernen, unter der Anleitung erfahrener Menschen zu sterben, die schon Sterbende waren ..." (Florenskij)

Ferner denn je liegen den meisten heute diese Gedanken. Zu keiner anderen Zeit wußte man mit dem Tod so wenig anzufangen wie in unseren Tagen. Dabei hat keine andere Generation zuvor so massiv seine Bekanntschaft gemacht. Überall stoßen wir auf ihn. Fast jede Seite der Tageszeitung nennt seinen Namen: „78 Opfer bei Flutkatastrophe", „Flugzeugabsturz fordert 25 Menschenleben", „Ehefrau erwürgt", „Bergsteiger abgestürzt" ... Seine Bilder füllen die Illustrierten und Fernsehnachrichten. Bücher und Filme machen ihn zur Titelfigur: „Der Tod am Abgrund", „Der Tod ritt mit", „Strandgut des Todes". Kriege, Revolutionen, Katastrophen, wo sie auch immer stattgefunden haben mögen – ihre Kunde, die Kunde des Todes, erreicht uns durch die modernen Publikationsmittel in Sekundenschnelle. Jedem ist heute der Gedanke an die Gefahr vertraut, daß ein Krieg mit Kernwaffen das ganze Menschengeschlecht in kürzester Zeit auslöschen könnte. Zum erstenmal in der Geschichte sieht sich die Menschheit imstande, sich selbst zu vernichten, sie weiß sich stärker vom Tode bedroht als je zuvor. Und doch haben wir fast kein Verhältnis mehr zu ihm, dieser unerbittlichsten, offenkundigsten Realität, dem einzigen Ereignis, das wir in unserem Leben als absolut sicher eintretend voraussagen können.

Was ist der Grund dafür, daß wir dieses Elementarereignis nur noch vage und undeutlich vor uns sehen? Wir bemer-

ken zwar den Tod, wo auch immer er uns begegnet, wir hören von ihm, aber wir horchen nicht mehr auf ihn; wir nehmen von ihm kurz Kenntnis, aber er wird uns nicht mehr zur Erkenntnis; denn er ist *alltäglich* geworden. In der Fülle seiner Gesichter und seiner Bezeichnungen hat er sein Antlitz und seinen Namen verloren. Der moderne Tod ist anonym. Wir registrieren nur die Umstände des Todes, die Zahl der Opfer, wir bedauern vielleicht die Hinterbliebenen, aber wir sehen nicht mehr den Sterbenden. Der Tod hat sich vervielfacht, aber zugleich ist er immer mehr entpersönlicht worden. Es ist nicht mehr *mein* Tod, auf den ich stoße, sondern ein Tod, der gar nicht der meine sein kann, weil er so unwirklich, so ganz anders ist, daß er mich gar nicht tangiert. „Es besteht ... ein merkwürdiger Zusammenhang zwischen der Sucht nach Erregung ... und dem Ausweichen vor Aufregungen im Alltagsleben. Die in der Sensationspresse gesuchten Aufregungen dürfen nicht von unmittelbarer existentieller Bedeutung für das Leben des einzelnen Lesers oder Beschauers sein. Die dem Betrachter unbekannten Toten, die er im Fotodruck vor sich sieht, weil sie so attraktiv in ein Auto eingeklemmt wurden, erregen doch wohl kaum mehr sein Mitleid, sondern lassen ihn – magisch – empfinden, daß durch dieses Opfer an den personifiziert empfundenen Tod das eigene Leben zunächst nicht gefordert sein mag ... Der Betrachter sieht sich selbst für den äußersten Fall noch als ‚interessante Leiche'." (Wasem, E.: Presse, Rundfunk, Fernsehen, Reklame pädagogisch gesehen. München/Basel 1959, S. 40)
Der Tod ist somit zu einem Nervenkitzel geworden. Er ist nur mehr das schaurige Knochengestell in der Geisterbahn, das uns in amüsierender Weise erschreckt, weil wir ganz genau wissen, daß es uns nichts anhaben kann, uns nicht zu berühren vermag. Auch aus den Illustriertenbildern ist der echte Hauch des Todes verbannt. In dem bunten Gewirr der Bilder, zwischen Reklamefotos und Witzzeichnungen, wird der Tod simplifiziert. Der Vorgang

des Sterbens verliert das Erschütternde und die Intimität. Dafür sorgt auch die überdeutliche Fotografie. Denselben Vorgang können wir auch bei einem Blick in Wildwest- und Kriminalhefte beobachten, die zu Tausenden jede Woche auf den Markt kommen. Auch hier hält der Tod reiche Ernte. Ein Heft, das nicht auf jeder Seite mindestens einen Toten aufzuweisen hat, gilt als langweilig. Der Leser identifiziert sich mit dem Helden des Romanes, dieses Supermannes, der nie stirbt, sondern durch List und Tücke dem Tod stets entflieht, der nur tötet, aber nicht getötet werden kann.
Der Tod des anderen wird oft und „liebevoll" geschildert und ausgemalt, aber so unwahrscheinlich, ja so unmenschlich, daß er eben lediglich ein Schauobjekt bleibt.

Der moderne Mensch ist versucht, das Angesicht des Todes zu fliehen. Er bedeckt sein Gesicht oder „maskiert" ihn so, daß er nur mehr als Farce erscheint. Dabei kommt es auf dasselbe heraus, ob er die Larve der unwirklichen Grausamkeit trägt oder ob er durch kosmetischen Zauber dem Schlafe gleichgemacht wird. Der englische Schriftsteller Evelyn Waugh hat diese Gebräuche der amerikanischen Beerdigungsindustrie in dem Roman „Tod in Hollywood" mit beißender Satire angeprangert. Der Gestorbene lächelt, als schliefe er nur und müßte jeden Augenblick aufwachen. Der Ausdruck des Toten kann von den Hinterbliebenen bestellt werden. Diese, wie es heißt, „schöpferische Neugestaltung der Persönlichkeit" gibt dem „Seligen" das Aussehen des Heiteren, des Verklärten, des Weisen, alles je nach Wunsch. Wo dann noch Angst vor dem Tod auftaucht, wird sie durch pseudophilosophische und pseudopsychologische Gespräche schnell zerredet: „Sie fürchten sich vor dem Tode ... Es ist ein natürlicher Instinkt ..., vor dem Unbekannten zurückzuschrecken. Aber wenn Sie offen und frei darüber sprechen, so werden diese krankhaften Anwandlungen verschwinden. Das ist eine von den Lehren, die wir den

Psychoanalytikern verdanken. Bringen Sie Ihre dunklen Befürchtungen ins Licht des Alltags, in dem der Alltagsmensch wandelt ... Bringen Sie sich zum Bewußtsein, daß der Tod nicht Ihre private Tragödie ist, sondern das gemeinsame Los aller Menschen." (Waugh, E.: Tod in Hollywood. Frankfurt am Main/Hamburg 1955, S. 56)
Man versucht also, dem Tod dadurch seine Schärfe zu nehmen, daß man ihn als Los der ganzen Menschenheit verkündet. Der bekannte logische Schluß: alle Menschen sind sterblich, Sokrates war ein Mensch, also ist auch Sokrates gestorben, erscheint als unwiderlegbar. Man sieht den Tod aber nur in der Gestalt des anderen. Sokrates, das ist der Mensch im allgemeinen, aber das ist man nie selber. Sokrates war sterblich, das ist ganz in Ordnung, aber ich selber ... Doch so weit geht die Überlegung schon meist nicht mehr. Die Angst vor dem Tode wird abgeschwächt und abgestumpft im Bereich des Alltäglichen. So scheint geradezu ein Hauptcharakteristikum der modernen Zivilisation zu sein, daß sie es darauf absieht, den Tod zu verallgemeinern und somit zu bagatellisieren. Ein Mensch, der an einer verkehrsreichen Straße wohnt, kann sich so sehr an den Lärm der vorbeifahrenden Autos gewöhnen, daß dieser geradezu ein unentbehrlicher Teil seines Lebensraumes wird. Die einzelnen Sinneseindrücke sind die gleichen geblieben, aber sie werden nicht mehr durchdacht, sie beunruhigen nicht mehr und regen keineswegs mehr auf. Ja, es würde sogar als störend empfunden werden, sollte der Lärm plötzlich infolge irgendeines Ereignisses verstummen. Der moderne Mensch lebt inmitten dieses dauernden Todeslärmes, aber dieser läßt ihn nicht mehr aufhorchen, sondern stumpft nur ab oder wirkt wie ein Aufputschmittel, das ihn durch stetiges Aufnehmen von „Todesfällen" *seinen* Tod vergessen läßt.

Diese Gefahr, im Tod eben nur mehr einen „Todesfall" zu sehen, wurde vor allem hervorgerufen durch die Kriege mit ihren zahllosen Todesopfern und dem dahinterstehenden Verwaltungsapparat, der verhindert, daß der Mensch dem Tod wirklich ins Auge sieht. „Menschen, die sonst kleine Angestellte waren oder uns am Schalter einer Behörde höflich entgegengetreten sind, wurden zu Funktionären in der Apparatur der Tötung ... Zahllose arbeiteten für den Apparat der Vernichtung, ohne sich vorzustellen, was er für den einzelnen bedeutete, der in der Kartei für die Vernichtung erfaßt war ... Sie stellten sich alle nicht vor, daß es jeweils einzelne, von der Mutter geborene Menschen waren ... Sie sahen nicht mehr den Menschen als Menschen, sondern nur als verfügbaren Bestand ihrer Verwaltung und Tötung!“ (Leist, F.: Dämonen neben uns. Stuttgart 1958, S. 12 ff)

Ein falscher Handgriff an einer Maschine, eine falsche Vorausberechnung, eine Unterschrift entscheiden über das Schicksal von Hunderten. Freilich sucht man bei der Katastrophe dann nach dem Schuldigen, aber die vielen Helfer, die die Maschinerie in Bewegung hielten, bleiben im Dunkeln. Meist wissen sie selbst nicht, inwieweit sie zu Werkzeugen des Todes wurden. Sie sind ihren Opfern unendlich weit entrückt, und wie sollten sie auch im Lärm und Getriebe des Betriebes und der Organisation den Anruf hören, der von jedem Sterbenden ausgeht und der eine Frage nach dem Sinn des Lebens überhaupt ist?

Eher scheinen Geburtsurkunde und Totenschein über die Existenz des Menschen zu entscheiden als der Mensch in seiner Freiheit und Personhaftigkeit. Trefflich hat Albert Camus diesen Verwaltungsapparat in seinem Roman *Die Pest* geschildert: „Inmitten ... der Stempel, die zu unserem Leben oder unserem Sterben den Takt schlugen, inmitten ... der Zettel, der Schrecken und der Formalitäten, einem schmählichen, aber amtlich verzeichneten Tode geweiht ...“ (Camus, A.: Die Pest. Reinbeck bei Hamburg 1950, S.109)

Wieder ist es nur mehr eine Maske des Todes, die wir sehen, die Maske der Karteien, der Formulare oder jenes kleinen Knopfes, der den Krieg mit nuklearen Waffen auszulösen vermag und damit den Tod für die Gattung Mensch überhaupt.

Was ist die Ursache dieser Maskierung des Todes, dieser Bagatellisierung und Banalisierung der sichtbarsten aller Grundgegebenheiten des Menschenlebens? Die Tendenz des Menschen, den Tod maskieren und damit verbergen zu wollen, ist letztlich nichts anderes als ein Bestreben, sich selbst zu verbergen. „Da die Menschen unfähig waren, Tod, Elend, Unwissenheit zu überwinden, sind sie, um glücklich zu sein, übereingekommen, nicht daran zu denken." (Pascal, B.: Über die Religion und über einige andere Gegenstände. Heidelberg 1946, S. 93)

Die Haltung, die der Mensch von heute dem Tod entgegenbringt, ist die der Flucht und der Zertreuung. Lebensversicherungen und Arzneien sind die Kulissen, hinter denen man sich leicht verstecken kann. Unbestritten haben die moderne Hygiene, die Seuchenbekämpfung und Ernährungstechnik riesige Fortschritte zu verzeichnen, aber, was sie vermocht haben, ist doch nur, daß sie ein Hinausschieben des Todes erreicht haben. Hier aber sieht der Mensch einen Hoffnungsschimmer, zu dem er seine Zuflucht nimmt. Gierig greift er nach jedem neuen Angebot, das ihm Verjüngung und neue Lebenskraft verspricht. „Neue Zellen – Neue Jugend!"
„Ein alter Wunschtraum der Menschen geht in Erfüllung – Wiederbelebung jugendlicher Aktivität, neue Kräfte für den alternden Organismus!" Solche und ähnliche Anzeigen wecken mit der Formel „ewige Jugend" den Anklang an „ewiges Leben" (vgl. Leist, F.: Existenz im Nichts. München 1961, S. 112 f.)
Wie die Sucht nach immer neuem Haben und Besitzen ihm alle Nachdenklichkeit erspart, „so narkotisiert sie ihn auch gegen den Todesgedanken in einer ganz besonderen Weise. Der Sturz in den Strudel der Geschäfte um der Geschäftigkeit willen, das ist ... die neue, fragwürdige

Medizin, die dem modernen Menschentypus die klare und leuchtende Idee des Todes verdrängt und die Illusion eines endlosen Fortganges des Lebens zur unmittelbaren Grundhaltung seiner Existenz werden läßt." (Gürster, E.: Der Schriftsteller im Kreuzfeuer der Ideologien. München 1962, S. 32)

Wieder begegnet uns eine neue Wand, die der Mensch zwischen sich und den Tod schiebt: der Fortschritt. Fortschritt um des Fortschritts willen, ohne Sinn und ohne Ziel, ein bloßes Weitermachen, das muß die Parole aller Ideologien sein, die dem Menschen ein Paradies auf Erden versprechen. Aber der Tod ist der unerbittlichste Feind aller Ideologien. Er ist das niemals zu beseitigende Riff, an dem sie stets Schiffbruch erleiden müssen. Der Mensch auf der Flucht ist jedoch findig: Was man nicht aus der Welt schaffen kann, kann man „ideologiebeflügelt" aus ihr herausdenken. Man kann den Tod dadurch bagatellisieren und entwerten, indem man die Einzelperson, den Träger der Urerfahrung des Todes und der Todesangst, radikal entwertet.
Das einzelne Ich muß hinter dem Überindividuellen zurücktreten: Man flüchtet sich in Schlagworte wie Nation, Volk oder Kollektiv. Die Quintessenz ist dann jene bekannte Parole aus der nationalsozialistischen Ära: „Du bist nichts, dein Volk ist alles." „Es ist gänzlich gleichgültig, daß ich zugrunde gehe, wichtig ist nur, daß die Idee weiterexistiert, die sich in der Allseitigkeit und Ganzheitlichkeit des Volkes verkörpert." (Scheler, M.: Schriften aus dem Nachlaß. Bd. 1, Bern 1957, S. 30)

Eine besondere Art der Flucht ist die in die naturwissenschaftliche Erklärbarkeit. Man glaubt, wenn man dem Tod sein letztes Geheimnis nimmt, habe man ihm auch seinen Schrecken genommen. Das Mikroskop löst den Tod auf in durchsichtige Kleinigkeiten, und man glaubt – eine typisch positivistische Haltung – an den Einzelheiten

Genüge zu finden. Mit der klaren und prägnanten Sprache der Medizin und der Biologie meint man den Tod in den Griff zu bekommen und ihn so unschädlich zu machen, genau wie im Märchen, wo man mit der Kenntnis des Namens Gewalt über den Geist gewinnt. Man hat freilich über das Wesen des Todes im Grunde gar nichts ausgesagt, wenn man den Eintritt desselben damit kennzeichnet, daß der Organismus seine Funktionen einstellt und die Lebensvorgänge in ihrer Gesamtheit zum nicht mehr beeinflußbaren Erlöschen gekommen sind, wenn man ihn als bloße Grenze des Alters charakterisiert, als notwendigen Naturvorgang: Er „ist nur eine einfachere, das Leben eine verwickeltere, organisierte Fäulnis, das ist der ganze Unterschied." (Georg Büchner, Dantons Tod)
Der Tod des Menschen wird zum notwendigen Säuberungsakt im Naturhaushalt. Der Schwache muß dem Stärkeren, der Ältere dem Jüngeren weichen im *struggle of life*. „Die Natur folgt ruhig und unwiderstehlich ihren Gesetzen; der Mensch wird vernichtet, wo er mit ihnen in Konflikt kommt." (Georg Büchner, a. a. O.)

Angesichts dieses Phänomens kommt Max Picard zu dem Schluß: „Es gibt keinen Tod in der Welt der Flucht. Wo der Tod ist in der Welt des Glaubens, da ist eine Zäsur, ein Anhalten: Ein Herz bleibt stehen, und mit dem letzten Schlag schlägt es nicht nur an die Wand des Jenseits, sondern von dieser Wand gibt es einen Rückschlag hinein in unsere Welt ... Das kann man nicht gebrauchen in der Welt der Flucht. Der Tod ist anders hier, er ist nur ein Verschwinden, das man nicht merkt. Manchmal fällt ein Schuß, ein Mensch fällt um – der Schuß ist nur ein Zeichen, daß einer verschwindet. Der Tod ist in dieser Welt keine Gewißheit mehr, sondern nur eine Möglichkeit wie die anderen." (Picard, M.: Die Flucht vor Gott. Freiburg i. Br. 1958, S. 26)
In der Flucht ist der Tod keine eigene Welt mehr. Er ist nur etwas Negatives: das Nicht-mehr-Dasein, das Auf-

hören aller Lebensvorgänge, das Ende schlechthin, das Nichts.

Der eigene Tod erscheint als Katastrophe, denn in der Flucht vor dem Tod hat man ganz vergessen, daß jeder selbst zu sterben habe, seinen eigenen Tod. Leo Tolstoi hat in der Erzählung „Der Tod des Iwan Iljitsch“ erschütternd den Zusammenbruch dieser verlogenen Welt dargestellt, die vor dem Tod ausweicht und sich vertröstet, ja noch einmal davongekommen zu sein, so lange, bis es endlich kein Ausweichen mehr gibt. Dann plötzlich erscheint der Tod in seiner unerbittlichen Härte, die plötzlich zur schrecklichen Wirklichkeit wird und der weder eine idealistische noch eine positivistische Betrachtungsweise gerecht wird. Während nämlich der Idealismus den Tod irgendwie ausklammert, weil ihm die Endlichkeit nur Durchgang zu der Absolutheit und Unendlichkeit darstellt, auf die hin der Geist angelegt ist, betrachtet der Positivismus den Menschen nur in seiner Endlichkeit, stößt also gar nicht bis zur Betrachtung des Todes vor, indem er mit seinem Anspruch als universale Wirklichkeitslehre die gänzliche Verschiedenheit der Seinsbereiche verkennt. In beiden Fällen wird das Sterben weder in seiner Bedeutung als *actio* noch als *passio* erkannt. Auch in weiten Kreisen der christlichen Seelsorge ist man versucht, die Härte des Todes zu verschleiern, ihn als mehr oder weniger schmerzlosen Übergang der Seele vom Diesseits ins Jenseits abzuschwächen. Er wird zur Verklärung, einer Art Dispens von den Leiden des Lebens. Wer die leibliche Daseinsweise des Menschen ernst nimmt, dem muß der Tod jedoch als ein Vorgang erscheinen, der keinen Bereich unserer Existenz unbeteiligt läßt.

Fassen wir kurz zusammen: So sehr der moderne Mensch mit dem Tode „rechnet“, so sehr verliert er ihn aus seinem Gesichtskreis: „Er lebt nicht ‚angesichts‘ des Todes.“ Der Tod wird in seiner Idee ‚weggefürchtet‘, verscheucht von der Angst, sterben zu müssen. Man verschließt die Ohren vor seinem eigentlichen Namen und bedeckt die Augen vor seinem Anblick. Er hat in unseren Augen keine Gestalt mehr, ist weder die Parze, die den Lebensfaden zerreißt, noch der sensenschwingende Knochenmann, der zum Tanz bittet, noch der bleiche Jüngling, der die Fackel senkt. Unsere Zeit allein fand kein Symbol mehr für ihn. Aber weil der Tod anonym geworden ist, ist er deswegen noch nicht aus der Welt. Wenn wir ihn auch aus unserem Erleben verdrängen wollen, wenn wir uns auch künstlich kurzsichtig machen und billige Bilder anstelle des echten Symbols setzen, er ist da und umgreift uns von allen Seiten. Aber weil wir uns selbst blind und taub gemacht haben gegen ihn, spüren wir ihn nur irgendwie, ganz unbestimmt, nebulos und schattenhaft. Dieses Ungewisse macht ihn aber ganz besonders unheimlich. „Kein Wunder, daß der Eintritt des Todes nicht mehr als notwendige Erfüllung eines Lebenssinnes erscheint, sondern alle Augen der Beteiligten weit aufgerissen macht … Der verdrängte Tod, der unsichtbar gewordene ‚Anwesende', bis zur ‚Nichtexistenz' zerfürchtet – jetzt erst wird er die sinnlose Gewalt und Brutalität, als die er dem neuen Menschentypus erscheint, wenn er mit ihm konfrontiert wird." (Scheler, a.a.O., S. 30)

Zum Nachdenken und Weiterdenken

Blättern Sie einmal eine Boulevardzeitung durch, und versuchen Sie herauszufinden, wie häufig hier von Tod und Sterben die Rede ist.
Sehen Sie sich auch eine Fernsehsendung kritisch an, in der versucht wird, durch Darstellung von Katastrophen und Todesgefahr die Einschaltquote zu erhöhen.
Betrachten Sie einmal die Todesanzeigen. Welche Einstellungen gegenüber dem Tod kommen darin zum Ausdruck?

Das Thema „Tod" in Spruchdichtung und Literatur

Der Tod läßt sich nicht aus der Welt schaffen, nicht wegreden. Man muß mit ihm fertig werden, ob so oder so. Es ist nicht zu leugnen, irgendwie hat ja der Gedanke ans Sterben auch etwas Tröstliches, und sei es nur die Überlegung, daß wir vor ihm am Ende doch alle gleich sind, so wie das immer wieder im Sprachgut angesprochen wird. Nur einige Beispiele seien genannt:

> Der Tod macht alles gleich.
> Er frißt arm und reich.
>
> *(Sprichwort)*

> Das, worin alle Wesen verschieden sind, ist das Leben; das, worin sie gleich sind, ist der Tod.
>
> *(Yang Chu)*

> Der Tod ist ein gleicher Richter.
>
> *(Sprichwort)*

Am schönsten ist dieser Gedanke dargestellt in Johann Peter Hebels Geschichte von „Kannitverstan":

> Der Mensch hat wohl täglich Gelegenheit, in Emmendingen und Gundelfingen so gut als in Amsterdam, Betrachtungen über den Unbestand aller irdischen Dinge anzustellen, wenn er will, und zufrieden zu werden mit seinem Schicksal, wenn auch nicht viel gebratene Tauben für ihn in der Luft herumfliegen. Aber auf dem seltsamsten Umweg kam ein deutscher Handwerksbursche in Amsterdam durch den Irrtum zur Wahrheit und zu ihrer Erkenntnis. Denn als er in diese große und reiche Handelsstadt voll prächtiger Häuser, wogender Schiffe und geschäftiger Menschen gekommen war, fiel ihm sogleich ein großes und schönes Haus in die Augen, wie

er auf seiner ganzen Wanderschaft von Tuttlingen bis nach Amsterdam noch keines erlebt hatte. Lange betrachtete er mit Verwunderung dies kostbare Gebäude, die sechs Kamine auf dem Dach, die schönen Gesimse und die hohen Fenster, größer als an des Vaters Haus daheim die Tür. Endlich konnte er sich nicht anders entbrechen, einen Vorübergehenden anzureden. „Guter Freund", redete er ihn an, „könnt Ihr mir nicht sagen, wie der Herr heißt, dem dieses wunderschöne Haus gehört mit den Fenstern voll Tulipanen, Sternenblumen und Levkojen?"

Der Mann aber, der vermutlich etwas Wichtigeres zu tun hatte und zum Unglück gerade so viel von der deutschen Sprache verstand als der Fragende von der holländischen, nämlich nichts, sagte kurz und schnauzig: „Kannitverstan" und schnurrte vorüber. Dies war nur ein holländisches Wort oder drei, wenn man's recht betrachtet, und auf deutsch so viel als: Ich kann Euch nicht verstehn. Aber der gute Fremdling glaubte, es sei der Name des Mannes, nach dem er gefragt hatte. Das muß ein grundreicher Mann sein, der Herr Kannitverstan, dachte er und ging weiter. Gass' aus, Gass' ein kam er endlich an den Meerbusen, der da heißt: Het Ei, oder auf deutsch: das Ypsilon. Da stand nun Schiff an Schiff und Mastbaum an Mastbaum, und er wußte anfänglich nicht, wie er es mit seinen zwei einzigen Augen durchfechten werde, all diese Merkwürdigkeiten genug zu sehen und zu betrachten, bis endlich ein großes Schiff seine Aufmerksamkeit auf sich zog, das vor kurzem aus Ostindien angelangt war und jetzt ausgeladen wurde. Schon standen ganze Reihen von Kisten und Ballen auf- und nebeneinander am Lande. Noch immer wurden mehrere herausgewälzt und Fässer voll Zucker und Kaffee, voll Reis und Pfeffer und salveni Mausdreck darunter. Als er aber lange zugesehen hatte, fragte er endlich einen, der eben eine Kiste auf der Achsel heraustrug, wie der glückliche Mann

heiße, dem das Meer all diese Waren an das Land bringe. – „Kannitverstan" war die Antwort. Da dachte er: Haha, schaut's da heraus? Kein Wunder, wem das Meer solche Reichtümer an das Land schwemmt, der hat gut solche Häuser in die Welt stellen und solcherlei Tulipanen vor die Fenster in vergoldeten Scherben. Jetzt ging er wieder zurück und stellte eine recht traurige Betrachtung bei sich selbst an, was er für ein armer Teufel sei unter so viel reichen Leuten in der Welt. Aber als er eben dachte: Wenn ich's doch auch einmal so gut bekäme, wie dieser Herr Kannitverstan es hat, kam er um eine Ecke und erblickte einen großen Leichenzug.
Vier schwarz vermummte Pferde zogen einen ebenfalls schwarz überzogenen Leichenwagen langsam und traurig, als ob sie wüßten, daß sie einen Toten in seine Ruhe führten. Ein langer Zug von Freunden und Bekannten des Verstorbenen folgte nach, Paar um Paar, verhüllt in schwarze Mäntel und stumm. In der Ferne läutete ein einsames Glöcklein. Jetzt ergriff unsern Fremdling ein wehmütiges Gefühl, das an keinem guten Menschen vorübergeht, wenn er eine Leiche sieht, und blieb mit dem Hut in den Händen andächtig stehen, bis alles vorüber war. Doch machte er sich an den Letzten vom Zug, der eben in der Stille ausrechnete, was er an seiner Baumwolle gewinnen könnte, wenn der Zentner um zehn Gulden aufschlüge, ergriff ihn sachte am Mantel und bat ihn treuherzig um Exküse. „Das muß wohl auch ein guter Freund von Euch gewesen sein", sagte er, „dem das Glöcklein läutet, daß ihr so betrübt und nachdenklich mitgeht." – „Kannitverstan!" war die Antwort. Da fielen unserm guten Tuttlinger ein paar große Tränen aus den Augen, und es ward ihm auf einmal schwer und wieder leicht ums Herz. „Armer Kannitverstan", rief er aus, „was hast du nun von all deinem Reichtum? Was ich einst von meiner Armut auch bekomme: ein Totenkleid und ein Leintuch und von allen deinen schönen Blumen vielleicht einen Rosmarin auf

die kalte Brust oder eine Raute.“ Mit diesem Gedanken begleitete er die Leiche, als wenn er dazugehörte, bis ans Grab, sah den vermeinten Herrn Kannitverstan hinabsenken in seine Ruhestätte und ward von der holländischen Leichenpredigt, von der er kein Wort verstand, mehr gerührt als von mancher deutschen, auf die er nicht achtgab. Endlich ging er leichten Herzens mit den andern wieder fort, verzehrte in einer Herberge, wo man Deutsch verstand, mit gutem Appetit ein Stück Limburger Käse, und wenn es ihm wieder einmal schwerfallen wollte, daß so viele Leute in der Welt so reich seien und er so arm, so dachte er nur an den Herrn Kannitverstan in Amsterdam, an sein großes Haus, an sein reiches Schiff und an sein enges Grab.

Ein weiteres „Gutes“ hat der Gedanke an den Tod. Er läßt uns erkennen, was wirklich wichtig ist im Leben: Der, den der Tod nicht weiser gemacht hat, hat nie mit Ernst an ihn gedacht. *(Gellert)*

Vor dem Tod vergehen tausend nichtige Dinge.
(Reinhold Schneider)

Mensch, werde wesentlich: Denn wenn die Welt vergeht, so fällt der Zufall weg, das Wesen, das besteht.
(Angelus Silesius)

Ich weiß um die zeitliche Begrenzung der Dinge, habe sie noch nie so gefühlt wie jetzt; und darum lebe ich zum erstenmal in der Gegenwart. Ein Tag ist ein Tag und ist nicht gestern oder morgen, und das bedeutet viel.
(Christine Bach)

Ist der Mensch geboren, so fängt er an zu sterben.
(Sprichwort)

Auch das Sterben ist eine von den Aufgaben unseres Lebens.

(Marc Aurel)

Das Leben ist nichts als ein Rennen zu Tod, bei dem keiner auch nur einen Augenblick halten oder den Schritt verlangsamen kann.

(Augustinus)

Der Tod hat keinen Kalender.

(Sprichwort)

Zum Nachdenken und Weiterdenken

Hat Sie jemand in Ihrer Kindheit über den Tod „aufgeklärt"?
Das Buch heißt ja „Dem Leben einen Sinn geben". Welche Rolle spielt Ihrer Meinung nach das Wissen um den Tod für die Frage nach dem Sinn des Lebens?
Ist es überhaupt möglich, die Sinnfrage zu beantworten und dabei das Thema Tod auszuklammern?

Was ist Leben?

Eng mit der Frage nach dem Menschen hängt auch die Frage zusammen: *Was ist denn eigentlich unser Leben?* Bei dieser Bestimmung tut man sich mindestens genauso schwer wie bei der Bestimmung dessen, was der Mensch ist. Der bayerische Barockdichter Jeremias Drexel hat mit Blick auf die Vergänglichkeit des Lebens folgendes gesagt:

> Das Leben ist ein zartes Glas, ein leichtes Baumblatt, ein subtiler Faden, ein guldiner, innwendig fauler Apfel. Wann der Schatten nichts ist, was ist dann der Traum des Schattens? Diese und andere viel hundert Namen gehen gar ähnlich und füglich auf das menschlich Leben. Und haben meines Erachtens am allerbesten getroffen, die das Leben ein sehr kurzen Schattentraum nennen. Und alles miteinander kürzlich zu sagen, so ist das Leben:
>
> Ein Schlaf, ein Fabel und ein Gras,
> Ein Blum, Heu, Schatten, Wasserblas,
> Ein Aschen, wie ein Glas zerbricht's,
> Ein Punkt, Schall, Wind, ja sauber nichts.
>
> Ach wir Elende! Und lassen wir uns noch gedunken, als sammeln wir große Reichtum, als sitzen wir in großen Würden und ergötzlichen Wollüsten? Alles dies ist nur ein Traum und darzu ach leider nur ein kurzer und liederlicher Traum. Sie haben geschlafen ihren Schlaf und alle Männer der Reichtum haben nichts funden in ihren Händen. O ihr liebe Männer, ihr habt euch träumen lassen, wie ihr so reich und selig seiet! Was ist euch aber aus allem dem, was ihr gehabt, was ihr gehofft, in euren Händen blieben? Es waren halt lauter Traum der Wachenden, Fantasei der Traumenden!
> Jetzt tut euch die Straf eure Augen auf, die euch vor diesem durch eure Laster waren zugeschlossen.

Was ist dann das Leben? Mit kurzen Worten: Die Zeit des menschlichen Lebens ist nur ein Punkt, die Natur der Unbeständigkeit, der Verstand sehr dunkel. Des ganzen Leibs Zusammenfügung ist verweslich, das Gemüt umbschweifig, die Würden ein Rauch, die Reichtumb seind Dorn, die Wollüst ein Gift. In Summa, alles, was am Leib, ist ein rinnender Fluß, was am Gemüt, ein Traum. Das Leben ist ein Krieg und ein Aufenthaltung des Gasts in einer fremden Stadt, in einem Gewölb voller Elends und Mühseligkeit. Der große Ruhm nach dem Tod ist ein Vergessenheit. Das sollen wir billich dem Poeten Ausonio glauben, der da sagt: Miremur periisse homines, et cetera."
(Lohmeier, G.: Bayerische Barockprediger. München 1974, S. 13)

Interessant ist, welche Bilder junge Menschen im Alter von etwa 14 Jahren für das Leben gefunden haben:

Leben ist wie ein Ball, den man wegwirft.
Es ist wie eine Schneeflocke, die vom Himmel fällt und zerschmilzt.
Wie ein langer Weg, den man zu Ende gehen muß.
Wie ein Karussell, das sich dreht.
Wie Berg und Tal.
Leben ist wie ein Stift, der ausläuft.
Wie eine Leiter, man klettert hinauf und fällt wieder herunter.
Wie ein tiefer Abgrund.
Wie ein lachender Schrei.
Leben ist ein Wechsel zwischen Tag und Nacht.
Ein tanzender Schmetterling über einer bunten Wiese.
Ein Labyrinth; es gibt viele Wege, und man ist bemüht, den richtigen zu finden.
Wie eine Brücke, die von einem Berg zum anderen führt, und unterm Berg ist ein großer Fluß. Jeder Mensch muß sie langsam Schritt für Schritt überque-

ren. Einige fallen in den Fluß und sind verloren, die andern kommen ans Ziel.
Ein leeres Blatt Papier.
Abwechslungsreich wie ein Wechselbad.

Den Aussagen der Jugendlichen stehen Aussagen von Kindern im vorschulischen Bereich gegenüber, die auf die Frage, woran sie denken, wenn sie das Wort *Leben* hören, folgende Antworten gegeben haben:

Das ist Sich-Freuen und Sich-Gernhaben, Spazierengehen und so; weißt du, das ist was Besonderes: die Steine leben ja nicht und die Puppen auch nicht, die können sich auch nicht liebhaben so wie wir.
Wir können aber singen und uns freuen und haben viel Spaß.
Guck, da sind meine Adern und mein Puls. Da siehst du dran, daß ich leb' und du auch.
Wir können viele Dinge anlangen und schöner machen.
Der liebe Gott lebt immer und wir ein bisserl lang, die Tiere kürzer und die Blumen gehen bald kaputt, wenn die kein Wasser kriegen.
Das Leben ist schön, es ist Spielen und Anziehen, Kämmen und Schönermachen, es ist aber auch Weinen, Hungerhaben, Frieren und niemand macht die Tür auf.
Wenn es uns gutgeht, das ist Leben.
Was das ist, das müßtest du doch selber wissen, denn du lebst doch auch.

Zum Nachdenken und Weiterdenken

Versuchen Sie selbst, Bilder für das Leben zu finden. Wovon hängen ihrer Meinung nach die jeweiligen Vorstellungen vom „Leben“ ab?

Das Schachspiel

Warum schlagen wir noch Bücher und Blätter auf?
Alle Lehre Sokrates' über die Wichtigkeit
Unsres Erdengedränges lehret im Spiel uns hier
Ein mit Puppen besetztes Brett.

Siehst du, Freund, wie das Glück Würde und Ämter teilt?
Wie's Plätze bestimmt? Wie sie im Wechsel sind?
Freund, so spielen auch wir selber ein Spiel des Glücks,
Ungleich, aber im Ausgang gleich ...

Also gehet die Welt:
In die Büchse, der Held und der Besiegte.
Du vollführe dein Amt, spiele des Lebens Spiel,
Das ein Höherer durch dich spielt!

(Jakob Balde)

Ich bin ein Blatt ...

Ich bin ein Blatt im Spiel des Winds,
das nur dies Spiel noch hält,
das fallend dann sein Spiel beginnt,
wenn es dem Spiel gefällt.

Bin Spieler selbst und Spielzeug nur,
ich spiele, werd' gespielt.
Bin Spielball, Würfel, Spielfigur,
ich ziele, werd' gezielt.

Mich spielt das Spiel des Augenblicks,
in dem sich spielt die Welt,
das Spiel des Alles oder Nichts.
Ich falle, werd' gefällt.

Wie ein Bergbach

Unser Leben gleicht dem Bergbach.
Am Anfang, wenn sein Lauf beginnt
und wenn er noch als Bächlein rinnt,
geht es ganz langsam und ganz sacht.
Man merkt, daß er viel Zeit noch hat.
Von Hetze steht da noch nichts drin,
er plätschert langsam noch dahin.
Dann ganz allmählich mit der Zeit,
da wird das Bächlein groß und breit.
Es wächst und wächst und wird zum Bach.
Es eilt allmählich nach und nach.
Beim Größerwerden schon ganz schwer
zum Plätschern bleibt die Zeit nicht mehr,
es fließt und rauscht, und auf einmal
ist unser Bach ein Wasserfall.
Doch schneller laufen, 's ist bekannt,
geht mit Bergabgehn Hand in Hand.
Er stürzt dahin die letzte Streck
und, bis man schaut, ist er schon weg.
Geflossen in den Strom der Zeit,
mündet ins Meer der Ewigkeit.

Wir sitzen in dem großen Zug

Wir sitzen in dem großen Zug
und eilen durch die Zeit.
Vom Gestern in das Morgen führt
die Fahrt stets durch das Heut.

Der Zug kennt keinen Bahnhof,
wo er kurz mal stillehält.
Die Landschaft jagt an uns vorbei,
wir sehn die Stadt, das Feld.

Wir schaun durch unser Fenster 'naus,
wir schaun nach vorn, zurück.
Wir glauben, daß wir alles seh'n,
und seh'n doch nur ein Stück.

Wir treffen manchen auf der Fahrt,
machen mit ihm ein Spiel.
Und manchmal fragen wir des Nachts
uns bange nach dem Ziel.

Wir schauen manchmal auf die Uhr.
Der Zug bleibt plötzlich stehn.
Wir steigen aus, den letzten Schritt
muß jeder selber gehn.

Wir steigen aus dem Zug der Zeit
und wissen nicht, wohin.
Stiegen wir aus? Steigen wir um?
War's Ende? War's Beginn?

Wie eine Flocke Schnee

Eine Flocke Schnee,
die fällt in der Nacht
von irgendwoher
aus dem Dunkeln ganz sacht.

Eine Flocke Schnee,
die ins Helle hertreibt,
die das, was sie ist,
nur für kurze Zeit bleibt.

Eine Flocke Schnee,
die kurz nur besteht,
die die Zeit nicht kennt,
wann sie wieder vergeht.

Bin gekommen wie sie,
und mein Los ist: Vergeh!
Bin nichts wie die Flocke,
die Flocke vom Schnee.

Zum Nachdenken und Weiterdenken

Vergleichen Sie die Aussagen der Jugendlichen mit den Gedichten! Welche Unterschiede, welche Gemeinsamkeiten fallen Ihnen auf?
Welche Aussagen über das Leben scheinen Ihnen passend, unangemessen oder gar falsch?
Welchen Aspekt würden Sie stärker betonen oder eher vernachlässigen?
Welche Bilder der Jugendlichen könnten Sie animieren, selbst ein paar Zeilen zu schreiben?

Zusammenfassung
„Das Verhältnis zu Leben und Tod“

Können Sie sich noch daran erinnern?

- Die Angst ist in unserem Leben allgegenwärtig. Angst läßt uns manchmal resignieren, da und dort beflügelt sie uns aber auch.

- Angst vor Vergänglichkeit und Tod hat viele Menschen dazu angeregt, ihre Gefühle und Gedanken in Gedichten auszudrücken.

- In unserer Gesellschaft werden Leid, Sterben und Tod verdrängt. Andererseits dienen diese Themen oft den Medien zur Sensationsberichterstattung.

- In der Literatur wird stets die Bedeutung des Todes für die Frage nach dem Sinn unseres Lebens hervorgehoben.

- Auch über das Leben läßt sich nur in Bildern und Vergleichen sprechen.

Diese Ausführungen zum Thema „Leben und Tod“ haben Sie vielleicht dazu angeregt, Ihre eigenen Vorstellungen, Gedanken und Gefühle zu formulieren. An dieser Stelle könnten Sie sich dafür Zeit nehmen.

Wie geht es jetzt weiter?

Zur Sinnfrage gehört, daß wir uns der Tatsache der Endlichkeit unseres Daseins und dem sicheren Tod stellen. Erst dann wird uns bewußt, was eigentlich Leben bedeutet.

- Ist aber dieses Leben einfach nur „Zufall"?
- Wie gehen wir eigentlich mit unserer Lebenszeit um?
- Ist es überhaupt sinnvoll, immer nur nach dem Motto „Zeit ist Geld" zu leben?

Kapitel 4

Antworten auf die Sinnfrage

Wenn man rein physikalisch,
oder von mir aus auch chemisch,
die Welt betrachtet,
muß man sagen:
eigentlich gar nichts Besonderes.
Ein Uratom, ein Urknall,
viel, viel Platz zur Ausdehnung
und sonst nichts.
Wie Atomteilchen, Elektronen, Protonen, Neutronen,
aus denen alles zusammengesetzt ist.
Das ganze Universum aus nichts anderem
als wie den paar winzigen Teilchen ...
Also scheint es gar nicht so weit her zu sein
mit der ganzen Schöpfung,
wenn man sich alles rein wissenschaftlich anschaut.
Aber wenn ich mich an einem solch schönen Tag wie heute umschau':
die saftgrünen Wiesen, voll mit bunten Blumen,
die Bäume, die blühen,
wie alles so gut riecht,
die Vögel, die auf den Zweigen sitzen
und singen,
jeder sein besonderes Lied,
über mir der blaue Himmel und die gelbe Sonne,
die mit ihren Strahlen den Bauch kitzelt,
und neben mir du, die du gerade so nett lachst,
dann muß man doch zugeben:
ER hat sich mit diesen Protonen, Elektronen, Neutronen
schon durchaus etwas einfallen lassen.

Was vom Nichts

Schon oft habe ich mir den Kopf darüber zerbrochen,
wie das wäre, wenn statt dem, daß etwas ist,
nur nichts und gar nichts sonst wäre:
Es gäb' keine Pflanze, kein Tier,
es gäb' mich nicht und dich,
keine Sonne, keinen Planeten,
auch den unseren gäb's nicht.
Keine Luft gäb's zum Schnaufen,
es gäb' kein Gestern, kein Heut,
keinen Raum, keine Zeit.
Kein Hier und kein Da,
kein Nein und kein Ja,
keinen Frieden, keinen Krieg,
keinen Haß, keine Liebe,
kein Vor und kein Zurück,
keinen Kummer, kein Glück.
Es gäb' nicht mal den Tod,
es gäb' nichts, was würde,
es gäb' nichts, was verdürbe.
Da wäre es schon arg leer.
Weil am Ende auch das Nichts
nicht einmal wär'.

Zufall?

Es spielt eine ganz entscheidende Rolle für unsere Sinnfindung, ob wir annehmen, daß die Welt, das Weltall, ein reines Zufallsprodukt ist oder Schöpfung.

Zufälle sind etwas Seltenes. Zwei oder mehrere Ereignisse fallen in einem bestimmten Augenblick zusammen. Von Zufall spricht man zum Beispiel, wenn man an jemanden denkt, von jemandem redet, und just in diesem Augenblick begegnet man demjenigen. Zufälle ereignen sich, geschehen, passieren. Sie kommen ohne unser Dazutun und ohne Planung zustande. Zufälle lassen sich nicht konstruieren. Wären sie herstellbar, wären es keine Zufälle mehr. Dadurch gewinnen sie etwas Geheimnisvolles, Rätselhaftes. „Der Zufall ist ein Rätsel, welches das Schicksal den Menschen aufgibt", sagt Hebbel.

Eigentlich paßt der Zufall ja gar nicht in unsere Zeit, in der man immer mehr in den Griff zu bekommen glaubt, die Welt immer planbarer, konstruierbarer, machbarer wird. Obwohl niemand mehr gern etwas dem Zufall überläßt, spielt er eine große Rolle bei der Erklärung unserer Welt. Gerade für jene, die im Namen der Vernunft und Aufklärung Gott als Schöpfer der Welt, als doch mehr oder weniger geheimnisvolle letzte Ursache aus dem Denken herausgenommen haben, ist der Zufall an seine Stelle getreten, ja, er bekommt sogar von einigen Naturwissenschaftlern seine wissenschaftliche Autorisierung: Er wird zum Schöpfer und Herrn der gesamten Welt erklärt. Oft billigt man ihm eine Menge Zeit zu, die er ja offenbar zur Verfügung gehabt haben muß. Aber auch wenn man eine fast unvorstellbare Menge Zeit vom „Urereignis" bis zum heutigen Tag annimmt, erscheint der Zufall als Schöpfer und Gestalter einem sauberen naturwissenschaftlichen Denken als das Unwahrscheinlichste schlechthin.

Andrea und der Zufall

Eigentlich hätte Andrea schon längst ins Bett gehen sollen, aber sie wollte es diesmal auskosten. Es war nämlich Besuch da. Und den Onkel Werner mit seiner Frau mochte sie besonders gern, weil er immer so lustig war. So saß sie eben abends dabei und bekam einiges vom Gespräch der Erwachsenen mit.

Heute ging es um ein ganz interessantes Thema. Irgendwie merkte sie, daß sich Onkel Werner, der sonst immer eine lustige Bemerkung auf den Lippen hatte, heute in etwas hineinsteigerte. „Ich weiß gar nicht", sagte er immer wieder, „daß in unserer aufgeklärten Zeit immer noch so ein Blödsinn erzählt wird. Dabei ist das heute alles schon naturwissenschaftlich erwiesen. Schöpfung, wenn ich das schon höre. Das hat uns damals unser Religionslehrer auch erzählt, mit den sieben Tagen und dann das mit dem Adam und der Eva. Man sollte den Kindern in der Schule schon sagen, wie das wirklich war. Ein Urknall war es, und alles war Zufall, reiner Zufall. Zufall auch, daß wir hier sind. Bin ich froh, Gott sei Dank, daß ich keinen solchen Blödsinn glaube wie die anderen." Es entspann sich noch ein sehr ernstes Gespräch, aber Andrea war dann doch zu müde und ging ins Bett. Das Ganze ließ ihr aber keine Ruhe.

Am nächsten Tag fragte sie gleich den Vater, wie das denn sei und ob das wirklich alles falsch sei, was sie im Religionsunterricht gelernt hätten. „Stimmt das, Papa", meinte sie, „daß das alles Zufall war?"

Der Vater schaute ernst und antwortete: „Dann schau dich einmal um, was du alles siehst. Schau mal aus dem Fenster. Der blühende Baum, die Libelle, die da hinten über dem Wasser schwebt. Hörst du die Vögel pfeifen? Glaubst du, daß das alles wirklich zufällig ist?"

„Ich weiß nicht", meinte Andrea, „Onkel Werner hat von einem Knall gesprochen, und vielleicht war wirklich nur

ein Knall am Anfang, und danach ist halt alles so geworden."
Da merkte der Vater, daß er mit seinen Worten gar nicht so viel erklären konnte. „Paß auf", sagte er, „heute nachmittag fahren wir ein wenig 'naus, da will ich dir etwas zeigen. Nimm aber deine Malstifte und den Block mit!"

Die ganze Familie fuhr in das nahegelegene Gebirge und machte eine kleine Wanderung. Als sie an einer kleinen Hütte mitten in einer großen Wiese angelangt waren, sagte der Vater: „Nimm mal deinen Block heraus und versuch die schöne Landschaft zu zeichnen!"
Andrea tat das gerne, denn sie war eine recht gute Zeichnerin. Bald hatte sie ein wunderschönes Bild gezeichnet.
„Großartig", rief der Vater, „großartig, aber ich mach's mir leichter. Ich überlasse alles dem Zufall. Paß einmal auf!"
Er löste Andreas Blatt aus dem Block, legte einfach die Stifte auf die nächste Seite und sagte: „So, wir gehn jetzt weiter. Auf dem Rückweg kommen wir dann wieder vorbei. Heute geht ein leichter Wind. Vielleicht bringt er die Stifte in die richtige Stellung, und es entsteht dann auch ein schönes Bild."
Andrea begann furchtbar zu lachen: „Du glaubst doch nicht im Ernst, daß ein schönes Bild entsteht, wenn du die Stifte einfach auf den Block legst."
„Ach was", meinte der Vater, „der Zufall hat die großartige Erde schaffen können, dich und alle Berge mit den Wiesenblumen und den Tieren. Warum sollte er es dann nicht auch schaffen, so ein kleines Gemälde herzustellen? Aber schau her, ich will dir jetzt noch etwas anderes zeigen. Siehst du, was ich da mitgenommen habe?"
Andrea schaute gespannt, was der Vater aus seiner Rocktasche zog. Es war eine Astgabel mit einem Gummi dran.
„Was ist denn das?" wollte sie wissen.
„Das habe ich vor kurzer Zeit gebastelt. Es ist eine Steinschleuder. Schau her!" Der Vater suchte einen kleinen Stein, lud damit die Schleuder, spannte den Gummi und

zielte auf eine Blechbüchse, die am Wegrand lag. Klack, machte es, und der Vater hatte sie getroffen. Da lachte er stolz. „Als Bub konnte ich ausgezeichnet mit der Steinschleuder umgehen. Ich hab' sogar Kastanien vom Baum heruntergeschossen. Aber ich will dir etwas ganz anderes zeigen. Sieh mal her", sagte er, „auf den Felsen dort lege ich jetzt einen Stein, und dann werde ich mit der Steinschleuder auf ihn zielen. Ich möchte nämlich da unten ein Haus bauen."

Andrea schaute ihren Vater ganz groß an. „Du willst ein Haus bauen? Was hat denn das mit der Schleuder und dem Stein zu tun?"

„Nun, ich habe mir folgendes überlegt", sagte der Vater. „Wenn ich den Stein treffe, rollt er vielleicht weiter und trifft auf einen größeren Stein. Der könnte zufällig auf einen noch größeren treffen und dieser auf mehrere Felsbrocken, die alle ins Rollen geraten. Vielleicht rollen sie durch Zufall ins Tal, und vielleicht rollt einer in eine große Ziegelei. Es könnte ja zufällig eine drunten sein."

„Eine Ziegelei, was ist denn das?" wollte Andrea wissen.

„Ach, das ist so eine Fabrik, in der aus Ton Ziegelsteine hergestellt werden, die man für den Hausbau braucht."

„Und was soll dann passieren?" fragte die Tochter weiter.

„Es könnte ja sein", fuhr der Vater fort, „daß ein Felsbrocken zufällig in eine Menge aufgeschichteter Ziegel fällt, und durch Zufall würden durch den Aufprall die Ziegelsteine sich zu einer Mauer, zu vier Mauern zusammenfügen. Aber dem nicht genug, es könnte auch sein, daß ein zweiter Felsbrocken in eine Zementfabrik fällt, die eben auch zufällig in der Nähe ist. Da steht zufällig gerade ein großer Zementtrog. In diesen platscht jetzt unser Felsbrocken. Rein zufällig spritzt der Zement so weit, daß er zwischen die aufgeschichteten Steine gerät, so daß die Ziegelsteine zu einer richtig festen Wand werden, ja, daß schon fast ein kleines Haus entsteht."

Andrea schüttelte nur ungläubig den Kopf. „So ein Unsinn!"

„Was heißt da Unsinn?" provozierte der Vater. „Zufall ist das. Das hast du doch von Onkel Werner gehört."
„Ein schöner Zufall ist das. So viele Zufälle gibt es nicht. Du meinst wohl, ich glaube alles", entgegnete Andrea.
„Du glaubst dann nur das, was Onkel Werner auch glaubt", erklärte der Vater. „Eigentlich sogar viel weniger, denn schau dir nur einmal diesen Baum an. So ein Baum, wenn du genau hinschaust, ist ein viel größeres Kunstwerk als ein fertig gebautes Haus. Überleg einmal! Der Baum ist aus einem kleinen Samen entstanden. Jedes Jahr bekommt er im Frühjahr frische Blätter, und jedes dieser Blätter ist wieder ein Kunstwerk. Er beginnt zu blühen und bringt Früchte hervor, in denen wieder Samen stecken. Aus jedem Samen kann wieder ein so prächtiger Baum wachsen. Du hast doch im Biologieunterricht schon einiges über Bäume gehört, wie alles funktioniert, lebt und sinnvoll ist. Glaubst du wirklich, daß nur ein Blatt dieses Baumes ein reines Zufallswerk ist?"
„Was bedeutet dann das mit dem Knall?" wollte Andrea wissen.
„Wir alle wissen natürlich nicht ganz genau, wie es damals war, was wirklich bei der Schöpfung geschah. Vielleicht hat es auch einen Knall gegeben, damals am Beginn der Zeit", versuchte der Vater zu erklären.
„Und wer hat den Knall verursacht?" bohrte Andrea jetzt weiter.
„Das weißt du eigentlich ganz genau, Andrea", sagte darauf der Vater, „jemand, der sehr genau gezielt hat, der alles schon im Visier hatte. Und ich glaube sogar, daß er nicht nur einfach gezielt hat, sondern daß er auch ganz gut aufpaßt, daß alles ans richtige Ziel kommen wird. Diese ganze große Welt, aber auch du und ich. Und auch der Onkel Werner."

Andrea sah sich an diesem Tag alles, was ihr begegnete, besonders genau an. Man konnte den Eindruck haben, sie würde vieles neu und mit anderen Augen sehen.

Ob Joseph Haydn, wenn er heute leben würde, über sein Oratorium auch noch „Die Schöpfung“ schriebe? Unter dem Einfluß der neuesten naturwissenschaftlichen Erkenntnisse wäre es vielleicht sinnvoll, „Der Urknall“ oder „Die Evolution“ über dieses Werk zu setzen. Am Anfang war der Urknall, ein paar Minuten später waren die meisten Elemente da. Nach etwa vier Milliarden Jahren gab es bereits den Dinosaurier. Später entwickelten sich Säugetiere und schließlich der Mensch. Eine kontinuierliche, wenn auch lange Entwicklung von den ersten Elementarteilchen bis hin zu Joseph Haydn? Ob da aber nicht ein Trugschluß, vielleicht sogar sehr großer Trugschluß in dieser Entwicklungsgeschichte vorliegt?

Vielleicht sollten wir Parallelen zwischen Evolution und der Komposition des Oratoriums ziehen. Da wären am Anfang die Elementarteilchen, die Noten. Die liegen wie in einem Würfelbecher parat. Aber da gibt es doch noch einiges zu bemerken.Wer bestimmt den Takt, die Tonart, wer gibt den Noten ihren Wert, Viertel-, Achtel- und ganze Noten? Dann liegt – wie auch immer entstanden – eine fertige Partitur vor, viele Seiten eines von der „Evolution“ komponierten Schriftstückes. Weitere Fragen drängen sich auf. Was muß alles geschehen, damit jetzt diese Partitur zur Aufführung gelangt? Dazu bedarf es beispielsweise der Musiker, aber auch der Musikinstrumente. Und wie kommen diese wiederum zustande? Auch durch eine wie auch immer definierte „Entwicklung“?

Ob es wirklich einen ernsthaften Musikwissenschaftler gibt, der annimmt, daß man eine Komposition genausogut als „Evolution“ bezeichnen und die Einfälle, die bis zur Aufführung notwendig waren, als Zufälle benennen könnte? Aber es wird eben immer Leute geben, die sagen: „Meine Meinung steht fest. Bitte verwirren Sie mich nicht mit Tatsachen!" Eines sollten aber auch diese einräumen, wenn man unsere Welt anschaut: Sie war und sie ist ganz schön schöpferisch, diese „Evolution". Und was den „Zufall" anbelangt: Er hat auf alle Fälle eine Menge hübscher Einfälle gehabt!

Ob durch den „Zufall" die Rätsel der Welt nicht noch rätselhafter werden? Aber vielleicht kommen wir weiter, wenn wir den Begriff ein wenig hinterfragen. „Die Zufälle", meint Novalis, „sind die einzelnen Tatsachen, die Zusammenstellung der Zufälle, ihr Zusammentreffen ist nicht wieder Zufall, sondern Gesetz-Erfolg der tiefsinnigsten, planmäßigsten Weisheit".
„Der Zufall ist hier in Schleier gehüllte Notwendigkeit", erklärt Ebner-Eschenbach. Und Schopenhauer formuliert ähnlich: „Auch das Zufälligste ist nur ein auf entfernteren Wegen herankommendes Notwendiges." Der Denkkreis scheint sich zu schließen, wenn wir bei Bernanos die Aussage finden: „Was wir Zufall nennen, ist vielleicht die Logik Gottes."
Der Zufall kann viele Namen haben. „Zufällig" bin ich auch auf den Ausspruch von Anatole France gestoßen: „Der Zufall ist Gottes Deckname, wenn Gott sich nicht zu erkennen geben will."

Zum Nachdenken und Weiterdenken

Hatten Sie schon Erlebnisse, wo Ihnen plötzlich „aufleuchtete", daß alles einen tieferen Sinn hat?
Was würde es für Ihr persönliches Leben bedeuten, wenn alles nur vom Zufall gesteuert wäre?
„So ein Zufall!" Bei welchen Gelegenheiten haben Sie diesen Ausspruch schon verwendet?
Wie denken Sie über die Aussage von Jean Paul Sartre: „Es ist sinnlos, daß wir geboren werden, es ist sinnlos, daß wir sterben"?

Der Versuch, unserem Leben einen Sinn zu geben, verlangt von uns, daß wir in erster Linie unser Verhältnis zur Zeit und zu unserer eigenen Lebenszeit überprüfen.

Wer heute seine Augen und seine Ohren ein bisserl aufmacht und wer dann auch genau hinriecht und vor allem hinschmeckt, der weiß, daß es natürlich eine rein theoretische Frage ist, wenn ich sage: Ist das nicht ein Grund zum Feiern? „Ein Leben ohne Fest ist wie ein langer Weg ohne Einkehr", so sagte schon der griechische Philosoph Demokrit. Tatsächlich stellt sich die Frage, was unser Leben ohne Feste wäre. Nun gibt es ja die verschiedensten Arten von Festen. Persönliche Feiern, die nicht im Kalender ausgedruckt sind, Geburtstage, Namenstage, Hochzeiten, Berufsjubiläum oder den Eintritt in die Pensionierung, und so weiter. Außerdem gibt es die Feste, die uns auf dem Kalender sofort ins Auge leuchten, weil sie sich von der schwarzen Schrift der grauen Alltagswoche deutlich abheben, und von denen es so schön heißt: „Lieber eine rote Zahl auf dem Kalender als in den roten Zahlen". Da gibt es Hochfeste des Kirchenjahres, wie Weihnachten, Ostern, Pfingsten, Allerheiligen, Christi Himmelfahrt. Am Rande sei mir die etwas melancholische Nebenbemerkung gestattet, daß wir in Bayern seit Jahren die schöne rote Schrift am 19. März beim Josefitag vermissen.
Ja, es gibt auch noch den schönen Spruch: Man muß die Feste feiern, wie sie fallen. Das heißt auf der einen Seite, daß man sich auf die feststehenden Feste freuen sollte, sie genießen sollte, auf der anderen Seite aber auch, daß man da und dort aus einem Tag, der vielleicht sonst nur als grauer Alltag im Kalender steht, ein kleines Fest machen könnte, was wir ja heute tun. Besonders heute scheint es mir wieder angebracht, darauf hinzuweisen, daß man doch im Leben viel mehr Grund hat, sich zu freuen, als sich zu ärgern.

Um aus einer Sache ein Fest zu machen, ist es aber wichtig, daß man einen gewissen Rhythmus findet in diesen Feiern. Da gibt es nämlich die Festmuffel, die über jedes Fest und jeden Feiertag von vornherein schimpfen: „Also wenn es doch endlich schon wieder vorbei wäre. Da graust mir ja schon im voraus!" Manche sind auch der Meinung, daß man gar keine offiziellen Fest- und Feiertage bräuchte, weil sie sich so weit emanzipiert hätten, selber Feste zu gestalten. Nichts gegen das „Selber-Feste-Gestalten", ich habe aber oft festgestellt, daß ausgerechnet diese Leute das Feiern immer wieder verschieben und eigentlich gar nicht zum Feiern kommen, weil sie dazu keine Zeit finden. Es gibt den schönen alten Spruch, daß alles seine Zeit hat. Die Menschen meinen aber immer, daß wir die Zeit machen, sich die Zeit nach uns und nicht wir uns nach der Zeit richten müßten. Ich finde, daß es etwas Schönes ist, zu feiern, wenn es an der Zeit ist. Manchmal kommt mir der moderne Mensch so vor wie jener Hahn, der stolz erzählt: „Jedesmal wenn ich krähe, geht die Sonne auf." Wie aber heißt es so schön im Alten Testament: „Es hat alles seine Zeit, und alles Tun unter dem Himmel hat seine Stunde. Weinen hat seine Zeit und Lachen hat seine Zeit, Klagen und Tanzen, Steinewegwerfen und Steinesammeln, Umarmen und Getrenntsein, Suchen und Verlieren, Behalten und Wegwerfen, Schweigen hat seine Zeit und Reden hat seine." Feste und Feiern haben sehr viel damit zu tun, welches Verhältnis wir zu Zeit haben. Ich bin der Meinung, viel Freude am Feiern geht uns deswegen verloren, weil wir die Zeit, die wir bekommen haben, gar nicht mehr nützen können. Denn die meiste Zeit verbringen wir wohl damit, Zeit zu sparen, weil wir die Zeit nicht Zeit sein lassen und weil wir uns vor allem nicht Zeit lassen wollen. Das bedeutet aber, daß wir immer mehr verlernen, die Gegenwart, den Augenblick zu genießen, im Augenblick aufzugehen und den Augenblick zu feiern.
Kennen Sie die schöne Geschichte, in der ein weiser

Mann aus dem Osten einem westlichen Manager den Unterschied zwischen seinen und unseren Landsleuten in etwa so klarlegt: „Wenn wir gehen, dann gehen wir, wenn wir stehen, dann stehen wir, und wenn wir da sind, sind wir da.“ Als sein Gesprächspartner erstaunt fragte: „Ja, wo ist denn da der Unterschied zu uns? Auch wir gehen, stehen und sind da“, antwortete der Weise: „Wir gehen wirklich, wenn wir gehen, wir stehen wirklich, wenn wir stehen. Ihr aber denkt beim Stehen schon ständig ans Gehen, beim Gehen schon ständig ans Stehen, und deswegen seid ihr nie da, sondern immer anderswo.“ Ist es also nicht folgerichtig, daß wir zu unserem Leben „Lebenslauf“ sagen, der dann bei manchen so ausschaut:

Schnell auf die Welt gekommen,
möglichst schnell lesen und schreiben gelernt,
Schnellkurse gemacht,
möglichst schnell Erfahrungen gesammelt,
schnell erwachsen geworden,
sich schnell angepaßt,
schnell vorwärts gekommen,
zwischendurch schnell geheiratet,
schnell Urlaub gemacht,
in ein Schnellrestaurant gegangen,
schnell Karriere gemacht,
schnelle Verschleißerscheinungen gehabt,
schnell in Pension gegangen,
schnell gestorben
und schnell vergessen gewesen.

Irgendwie gehört es heute fast zum guten Ton, daß man einen gehetzten Eindruck macht und für nichts mehr Zeit hat. Manche finden es sogar chic, daß sie, wenn sie nichts beziehungsweise nichts Gescheites zu tun haben, zumindestens den Anschein erwecken, dies in Eile zu tun. Vielleicht ist nicht zuletzt jene Ideologie schuld, die sich in dem Spruch „Zeit ist Geld“ kundtut, daß Eile, Schnelligkeit und Tempo zu Grundwerten hochstilisiert wurden. Dabei sollte man aber hin und wieder einmal bedenken, daß man zwar mit der Zeit zu Geld kommen kann, aber man sich mit Geld wohl kaum das Kostbarste, was der Mensch mitbekommen hat, die Zeit, kaufen kann. Sie alle kennen das Sprichwort: „Gott gab den Menschen Zeit, von Eile hat er nichts gesagt." Was aber tun wir? Wir versuchen mit Tempo und Schnelligkeit Zeit zu sparen. „Mit Tempo", sagt Werner Mitsch, „versucht der Mensch die Zeit zu überholen." An anderer Stelle meint er: „Der Mensch von heute fährt zum Jodeln in die Berge und hat nicht einmal die Zeit, das Echo abzuwarten."

Ich habe die Problematik unserer hektischen Zeit in meinem Gedicht „Was wir sollten" auf den Punkt zu bringen versucht:

> Zum Nachdenken, wer wir sind,
> woher wir sind,
> was wir sollen,
> wohin wir wollen,
> haben wir heute
> leider kaum Zeit,
> weil wir uns keine Zeit nehmen,
> um möglichst schnell hinzukommen,
> möglichst schnell hin an eine Stelle,
> an der wir dann,
> wenn wir dort sind,
> wissen gerne wollten,
> was wir dort sollten.

Noch einmal sei Werner Mitsch zitiert: „Wer ständig auf die Uhr schaut, blickt nicht hinter die Zeit." Ich glaube, wir vergessen immer mehr, daß Warten auch etwas Schönes sein kann und daß mit dem Verlust des Wartens viel Freude verlorengeht. Früher gab das Jahr noch wesentlich stärker den Rhythmus an. Das Jahr mit seinen Zeiten,

Frühling, Sommer, Herbst und Winter, und den jeweiligen Gegebenheiten, bestimmte nicht zuletzt die Feste. Heute ist eigentlich immer alles vorhanden. Das ganze Jahr hindurch sind durch Import oder Treibhaus alle Früchte vorhanden, sogar zu Weihnachten kann man sich Erdbeeren oder Kirschen kaufen. Damit verliert aber die Ernte der jeweiligen heimischen Frucht ihre Besonderheit. Ist es nicht sogar ähnlich mit dem Bier? Das ganze Jahr kann man Oktoberfestbier, Maibock und so weiter trinken. Es mag auf den ersten Blick bequem sein, auf den zweiten reduziert es die Freude, weil man nichts mehr abwarten muß. Manchmal kommt es mir so vor, als würden wir in unserer Ungeduld alles in denselben Topf werfen, alles auf einmal zu genießen versuchen. Was aber kommt dabei heraus, wenn man die einzelnen Freuden der jeweiligen Zeit und Feste in einen großen Mixer wirft – Weihnachtsplätzchen, Lebkuchen, Schokoladnikoläuse, Martinigans, Osterschinken, Maibock, Faschingskrapfen und so weiter? Wenn man ehrlich ist, ein fader Brei ohne besondere Würze, ohne besonderen Geschmack!

Zum Abschluß der Betrachtung über unser Verhältnis zur Zeit nochmals ein kleines Gedicht:

Wenn wir Zeit, statt zu bewahren,
nur versuchen einzusparen
und mit Tausendstelsekunden
glauben, sie zu überrunden,
wenn wir uns nur drauf besinnen,
Zeit durch Tempo zu gewinnen,
sie nur in Termine pressen
und auf Zeitjagd nur noch stressen,
allzeit auf die Uhr nur blicken,
wird es uns bestimmt nicht glücken,
aus der Zeit, die uns gegeben,
etwas machen: nämlich leben.

Der Kleine König beim Zeitsparer

Der Kleine König kam zu einem Planeten, der von einem Zeitsparer bewohnt war. Er sah einen Mann, der mit einer großen Uhr in der Hand herumrannte.
„Was machst du denn da?" wollte der Kleine König von ihm wissen.
Der Mann zog ein Büchlein aus der Tasche. „Es ist 10.17 Uhr", sagte er, „du stehst aber nicht drin."
„Was sollte denn drinstehen?"
„Daß du einen Termin bei mir hast."
„Was ist ein Termin?"
„Du weißt nicht, was ein Termin ist? In welcher Zeit lebst du denn? Termine sind die einzige Möglichkeit, mit der Zeit auszukommen. Wer mit der Zeit gehen will, muß lernen, die Zeit einzuteilen."
„Und wozu teilt man die Zeit ein?" wollte der Kleine König wissen.
„Um sie zu sparen natürlich."
„Und wie machst du das?"
„Indem ich mehr Tempo in die Zeit bringe. Man muß lernen, alles schneller zu machen. Unsere Zeit verlangt Schnellebigkeit, Schnellzüge, Schnellstraßen, Schnellrestaurants. Schneller denken, schneller schalten, schneller essen und trinken, schneller schlafen, das ist mein Geheimnis."
Schneller sterben und vergessen sein, dachte sich der Kleine König.
„Ich habe eine eigene Methodik entwickelt, Zeit zu sparen", fuhr der Zeitsparer fort. „Mit der richtigen Rationalisierung geht alles schneller."
„Rationalisieren, was ist das?" fragte der Kleine König.
„Man streicht alles Überflüssige weg."
„Und was ist überflüssig?" wollte der Kleine König wissen.
„Überflüssig ist alles, was uns viel Zeit kostet. Zeit ist kostbar. Zeit ist Geld. Wer rationalisiert, gewinnt Zeit und Geld."

„Und was macht man mit der gesparten Zeit und dem Geld?"
„Man kann es verwenden, um noch bessere Methoden des Zeitsparens zu entwickeln. Wer in der Gegenwart Zeit spart, hat Zeit in der Zukunft."
„Was tust du mit der zukünftigen Zeit?" erkundigte sich der Kleine König.
„Da habe ich dann Zeit für die Zeit und kann über sie verfügen."
Wenn die Zeit kommt, in der man könnte, ist aber oft die Zeit vorüber, in der man noch kann, so dachte der Kleine König.
Der Zeitsparer sah auf eine der vielen Uhren, die überall auf seinem Planeten hingen oder standen. „Es ist jetzt 10.27 Uhr und 30 Sekunden", sagte er, „ich habe mit dir jetzt genau 10 Minuten und 20 Sekunden mit diesen dummen Fragen und Antworten vertan. Diese Antwort hat mich schon wieder 11 Sekunden gekostet. Es ist jetzt 10 Uhr 27 Minuten und 41 Sekunden. Dabei habe ich noch aufgerundet. Normalerweise rechne ich mit Zehntel- und Hundertstelsekunden."
„Du versuchst also mit Tempo die Zeit zu überholen. Tempo ist außer Atem gekommene Zeit. Ohne Atem ist aber kein Leben möglich. Nicht die Zeit stiehlt uns das Leben, sondern das Tempo."
„Papperlapapp", sagte der Zeitsparer schroff, „Zeit ist Leben, und gesparte Zeit ist gespartes Leben."
„Aber du hast doch nie Zeit, also lebst du auch nicht", konterte der Kleine König.
„Wenn es nicht so viel Zeit in Anspruch nähme, müßte ich jetzt lachen. Solange ich sehe, daß meine Uhren gehen, lebe ich."
„Deine Uhren mögen richtig gehen, aber du gehst falsch. Wer nie Zeit hat, vergeudet das Kostbarste, was er hat, sein Leben."
„Ich sagte dir doch schon, daß das Kostbarste die Zeit ist", entgegnete der Zeitsparer.

„Du magst recht haben, wir haben die Zeit als Geschenk bekommen, aber nicht die Hast. Wer nur auf die Uhr schaut, sieht nie den Sinn der Zeit."
„Sinn der Zeit? Unsinn. Der Sinn der Zeit ist, mit der Zeit zu gehen."
„Fragt sich nur, mit welcher", sagte der Kleine König. „Aber ich glaube, es ist wirklich Zeit zu gehen." Und er machte sich wieder auf die Reise.

Zum Nachdenken und Weiterdenken

Woran denken Sie, wenn Sie das Wort „Zeit" hören?
Was bedeutet für Sie Zeit?
Würden Sie sich manchmal mehr Zeit wünschen? Wofür? Für wen?

Was bedeutet „Zeit" für uns?

Überlegen wir uns einmal, wie wir heute „Zeit" schreiben.

Z wie Zwang,
E wie Eile,
aber auch wie Erschöpfung, Egoismus, Einsamkeit,
I wie Irrweg, „In"-sein-Müssen, Isolation
und
T wie Tempo, Trubel.

Wäre es nicht sinnvoller, auch ein bißchen Zeit zu haben, über die Zeit nachzudenken, daß Zeit das kostbarste aller Geschenke ist.
Es mag zwar stimmen, daß Zeit da und dort Geld ist, aber dieser Satz gilt sicher nicht in der Umkehrung. Denn auch mit noch so viel Geld kann man sich keine Zeit zurück-

kaufen. Je mehr wir davon überzeugt sind, daß Zeit Geld ist, desto mehr verlieren wir Zeit – Zeit, die wir auch dafür verwenden könnten, uns darauf zu besinnen, daß man sie auch anders schreiben könnte:

Z wie Zusichkommen, wie Zuversicht, Zukunft und Ziel,
E wie Erholung, aber auch wie das, was hinter und vor jeder Zeit steht: Ewigkeit,
I wie Innehalten und Innewerden
und
T wie Träumen.

Denken wir einmal darüber nach, woran wir fast instinktiv denken, wenn wir das Wort „Zeit“ hören. Ist es nicht die erste Schreibweise?

Kinder denken etwas anders. Ich will nur ein paar Aussagen von Kindern nennen, die gefragt wurden: „Woran denkst du, wenn du das Wort ‚Zeit‘ hörst?“

> „Die Zeit wächst auf dem Baum wie ein Apfel, und man kann sie sich pflücken.“

> „Die Zeit bekommen wir geschenkt wie die Kleider von der Oma.“

> „Zeit, das ist vor einer Tür sitzen und sich freuen, bis jemand kommt, den man gern mag.“

Zeit ist also auch Wartenkönnen, Erwartung. Sie ist das, was wir aus ihr machen.

Zusammenfassung
„Antworten auf die Sinnfrage"

Können Sie sich noch daran erinnern?

- Es spielt eine große Rolle für unsere Sinnfindung, ob wir an Zufall oder Schöpfung glauben.

- Naturwissenschaftliche Erkenntnisse müssen nicht im Gegensatz zu religiösen Überzeugungen stehen.

- „Zufall" ist nach Anatole France der Deckname Gottes.

- Für Sartre haben Leben und Sterben keinen Sinn.

- „Tempo ist außer Atem gekommene Zeit", behauptet zumindest der Kleine König im Gespräch mit dem Zeitsparer.

- Zeit ist das, was wir aus ihr machen.

Konnte dieses Kapitel Sie auf Ihrer Suche nach dem Sinn ein Stück voranbringen? Vielleicht möchten Sie an dieser Stelle die Zeit kurz anhalten, um sich über Ihren eigenen Standpunkt klarzuwerden.

Wie geht es jetzt weiter?

Sich Zeit nehmen ist eine wichtige Voraussetzung, um Antworten auf die Sinnfrage zu finden. Im folgenden Kapitel setzen wir uns mit Lebenseinstellungen auseinander, die selbst schon Antworten sein können.

- Halten Sie sich für einen humorvollen Menschen?

- Gibt es bestimmte Voraussetzungen für Glück und Zufriedenheit?

- Was haben überhaupt Glaube, Hoffnung und Sehnsucht mit der Sinnfrage zu tun?

Kapitel 5

Lebenseinstellungen

*Wenn es das überhaupt gibt hier herüben,
dann ist, was man Glück nennt, oft ziemlich verschieden.
Eine teure Kette vom Juwelier,
eine kleine Brotzeit und dazu ein Schluck Bier,
die Sonne, die scheint, wenn die Wolke wegzieht,
ein lieber Freund, den man mal wiedersieht,
ein warmer Ofen, wenn der Regen draußen prasselt,
noch im Bett bleiben dürfen, wenn der Wecker schon rasselt,
ein schattiger Baum, wenn die Sonne heiß brennt,
ein spannender Krimi, wo man den Mörder nicht kennt,
den Schuh ausziehn können, wenn er recht drückt,
sich kratzen dürfen, wenn's mal juckt oder zwickt.
Eine nette Gesellschaft, in der man froh lacht,
ein Baum, der blüht, eine sternklare Nacht.
Mit jemand, den man gern hat, auf der Anlagebank sitzen,
sich ausruhen dürfen nach der Arbeit vom Schwitzen,
ein Schluck aus der Quelle, der dich erfrischt,
ein Zug, den man grad' noch vor der Abfahrt erwischt.
Die strahlenden Augen von einem Kind.
Und wenn dein Verein hoch im Fußball gewinnt.*

*Das alles ist von dem ganz großen Glück,
das man nie voll besitzt, ein ganz kleines Stück.*

Nichts auf der Welt scheint auf den ersten Blick leichter zu sein, als nichts zu tun. Gilt das bei uns aber nicht gerade als unfein, nichts zu tun beziehungsweise sich Zeit zu lassen? Apropos „Zeit ist Geld“, Geschäftigkeit ist geradezu eine Prestigesache geworden. Im Bayerischen gibt es dafür den schönen Ausdruck des „Gschaftlhubers“. Interessanterweise nennt Kurt Tackmann die Geschäftigkeit eine „versteckte Form der Langeweile“, und Robert Louis Stevenson bezeichnet diese übertriebene Geschäftigkeit als einen „Mangel an Vitalität“. Vielleicht hat das Schlagwort von der Selbstverwirklichung ein wenig dazu beigetragen, daß man ein gesundes Verhältnis zur Zeit und zum Zeithaben verloren hat. Man muß sich ja ständig verwirklichen, ist geradezu gezwungen, sich zu befreien. Dabei wäre doch eine so sinnvolle Form der Befreiung auch die, daß man sich von zeitlichen Zwängen frei macht. Das heißt aber, daß man die Zeit nicht ständig in den Griff zu bekommen versucht, nicht immer meint, der Zeit unsere Planung aufzwingen zu können, und sie in Stunden-, ja Minutenpläne zerstückelt.

Gelassenheit ist, sich Zeit zu lassen, aber auch Zeit Zeit sein zu lassen. Ich glaube, daß es gerade in unserer Zeit notwendig ist, sich zumindest hin und wieder von diesem Machbarkeitseuphorismus zu befreien und einzusehen, daß nicht alles machbar, herstellbar, planbar, organisierbar ist. Die erste Voraussetzung für Gelassenheit ist, daß man erkennt, wie lächerlich es ist, sich als Nabel der Welt zu fühlen. Wer sich wirklich wichtig nimmt, sollte darüber nachdenken, daß man sich nicht zu wichtig nehmen sollte. Gelassenheit bedeutet nicht einfach nur, sich Zeit zu nehmen, sondern die Zeit und uns selber sein zu lassen. Damit ist aber nicht so sehr eine gleichgültige Lethargie gemeint, sondern ein Sichhineinbegeben in die Lebensmelodie. Gleichgültigkeit, die Ambrose Bierce sarkastisch als „stark genug sein, das anderen Menschen

aufgebürdete Los ertragen zu können" bezeichnet, ist etwas anderes als Gleichmütigkeit, die Immanuel Kant als das „Selbstgefühl einer gesunden Seele" benennt.
Gelassenheit kann bedeuten, innezuhalten auf der Jagd nach dem großen fernen Ziel. Zufriedenheit – auch einmal das schon erreichte Ziel anzuerkennen. Nach Otto Kornexl ist die Lebenskunst „zu 70% Verzicht auf Hast, zu 20% Verzicht auf Dinge, die man nicht unbedingt haben muß, und zu 10% Genuß an offenkundig Überflüssigem." Dieses offenkundig Überflüssige könnte sein, das Fließen der Zeit zu genießen, abzugehen von der Zwangsvorstellung, daß man überall Einfluß nehmen muß, und zum Bewußtsein zu kommen, sich selber von dem Sein durchfließen zu lassen. Vielleicht zeigt sich Selbstbewußtsein gerade in diesem Aufgeben, anstatt ständig nur angeben zu wollen, wie etwas sein muß. In dieser Weise ist dann die Muße tatsächlich „die Kunst, wirklich nichts zu tun, wenn man nichts zu tun hat" (Anton Schnack), und die Gelassenheit ist eine „anmutige Form des Selbstbewußtseins" (Marie v. Ebner-Eschenbach).

In die angesprochene Lebenseinstellung der Gelassenheit können wir uns täglich einüben. Dazu gehört auch, daß wir die Augenblicke des Abschaltens, die wir immer wieder geschenkt bekommen, ganz bewußt auskosten, daß wir uns klarmachen, daß „Langeweile" auch etwas Positives sein kann. „Langeweile" – so ist auch mein folgendes Gedicht betitelt, das uns einstimmen soll auf eine solche Haltung:

Leg dich ins Gras.
Schau nur, alles reift,
alles wächst, alles wird,
die Sonne läßt reifen,
die Erde gebiert.
Schau hin auf das Gras,
die Blumen am Feld
und halte dich nicht
für den Nabel der Welt.
Glaub nicht, daß nur du,
nur du ganz allein,
alles machen mußt.
Laß dich ruhig einmal ein
aufs Seinlassen nur,
laß dich ruhig einmal los,
schalt ab und geh auf
in Ausschwingen bloß.
Laß dir Zeit, warte ab,
laß ab von der Hast,
wer nur rennt, wer nur hetzt,
hat das Schönste verpaßt.
Leg dich einfach ins Gras
und träum vor dich hin
und freu dich am Heute,
am Leben, am Sinn.

Leben heißt bekanntlich atmen. Atmen aber bedeutet ein- und ausatmen. Es wird gefährlich, wenn wir keine Zeit mehr haben, um Atem zu holen, wenn wir aus dem Atem kommen, wenn wir immer atemloser werden, nie mehr Zeit haben, den Atem der Zeit zu spüren. „Im Atemholen sind zweierlei Gnaden: die Luft einziehen, sich ihrer entladen", sagt Goethe. Heute ist so viel vom bewußten Leben die Rede, viele Lebenshilfen arbeiten sogar mit einer Konzentration auf den Atem. Atemtraining bedeutet dann, daß wir wieder richtig lernen, zu atmen und im Atem zu leben, daß wir uns immer wieder ganz bewußt über unsere Atemzüge freuen, Atmen als Geschenk betrachten. „Solange ich atme, hoffe ich", heißt ein altes lateinisches Sprichwort, und nach Leroux ist das Leben ein „Einatmen der Zukunft". Einatmen, das bedeutet, daß wir irgendwie die Zukunft schon in uns hereinholen, aber sie nicht mit Gewalt in die Gegenwart pressen wollen. Man muß auch einmal etwas auf sich zukommen lassen, wie ja das Wort Zukunft eigentlich besagt. Wer die Zeit zu sehr verfügbar macht, sie immer mehr berechnet, verliert die Freude an der Zeit, auch an seiner Zeit. „Die Zeit ist", nach Ralph Boller, „Gottes Art, Kredit zu geben." Wir wollen aus diesem Kredit nicht gleich wieder ein Kreditinstitut machen. Je mehr wir glauben, die Zeit in den Griff zu bekommen, desto mehr setzt ihr Würgegriff bei uns an. Auch wenn wir die Zeit auf Billionstel genau messen können, gelingt es uns nämlich nie und nimmer, sie an- oder abzuschalten. Wir können aber – zumindest gelegentlich – abschalten, uns ausschalten aus der Hetze, uns und der Zeit wieder etwas mehr Zeit lassen, aufpassen, daß wir nicht zu sehr außer Atem kommen und am Ende unseres Lebenslaufes nur eines erreicht haben, daß wir das Leben überholt haben, indem wir ihm davongelaufen sind.

Gelassenheit ist ein Pol der Lebenseinstellung. Er bedeutet, sich hin und wieder mit dem Wassertropfen zu identifizieren, der im großen Meer aufgeht, der Schneeflocke, die zerschmilzt. Eine fast fernöstliche Einstellung des Ein- und Aufgehens ins Ganze.

Eine Grunderfahrung ist aber nun, daß das Leben, insbesondere das menschliche Leben, auf einem gesunden Wechsel von Spannung und Entspannung beruht. Wo keine Spannung mehr ist, verläuft alles in öder Langeweile. Man weiß alles, kennt alles, bekommt alles, muß nichts mehr erringen, muß sich nicht mehr plagen. Es ist so wie im Märchen vom Schlaraffenland, das auf den ersten Blick ein Paradies darzustellen scheint, jedoch auf den zweiten Blick, weil eben die gebratenen Hühner ständig in den Mund fliegen, zum Überdruß wird.

Diese beiden Pole – Spannung und Entspannung – waren seit eh und je auch pädagogisch-didaktische Gesichtspunkte. Man macht etwas spannend, weckt das Interesse, gibt aber nicht gleich die Lösung bekannt. Ein Krimi, den man vom Ende her liest, macht eben keinen Spaß. Und waren nicht diejenigen Weihnachtserlebnisse die schönsten, bei denen man vor der Tür wartete und nicht genau wußte, was die Bescherung brachte? Unsere Zeit neigt sehr stark zur Vermeidung der Unlust, wie es Konrad Lorenz formulierte. Nicht wenig trägt die Technik dazu bei, denn sie nimmt uns eine Menge Arbeit ab; wir müssen vieles nicht mehr selbst tun. Zwar wäre es verfehlt, dieser Technisierung einfach den schwarzen Peter zuzuschieben, aber wir müssen uns im klaren sein, daß wir in einer anderen Situation als noch vor dreißig oder vierzig Jahren leben.

Ganz zu Recht spricht man von der „Wohlstandsgesellschaft", die ebenso einer sehr schnellen Bedürfnisbefriedigung Vorschub leistet und damit die kleinen Freuden, die man sich erkämpfen muß, irgendwie vermindert.

Anspannung und Entspannung ist vor allem ein leibliches Phänomen. Die leibliche Komponente kommt aber in der heutigen Zeit, zumindest in der Praxis, etwas zu kurz. Betrachten wir den Alltag eines Kindes! 1990 haben Repräsentativuntersuchungen ergeben, daß Computerspiele, Fernseh- und Videokonsum einen Großteil der kindlichen Freizeit ausmachen. Wieviel spielte sich dagegen früher im natürlichen Anspannen und Entspannen der Kräfte ab! Ein „gesunder Wechsel“ ergab sich meist harmonisch aus der damaligen Situation. Man denke nur an den inzwischen weitgehend weggefallenen Schulweg. Es müßte eine wichtige pädagogische Aufgabe sein, wieder auf einen vernünftigen Ausgleich zwischen Spannung und Entspannung hinzuführen. So steht also auf der einen Seite die Anspannung der Geistes- und Körperkräfte. Allerdings eine vernünftige Anspannung, keine Überspannung, keine Überspanntheit und keine Verspannung, sondern ein gesunder Leistungswille, der etwas durchhält, etwas zu Ende bringt, etwas fertigstellt, das Wissen, daß es sich lohnt, sich für etwas zu plagen, denn vor den Erfolg haben die Götter bekanntlich den Schweiß gesetzt. Der Lohn für diese Anspannung ist aber auf der anderen Seite eine Entspannung. Aktivität und Passivität in einem vernünftigen Wechsel stellen einen gesunden Lebensrhythmus dar.

Zum Nachdenken und Weiterdenken

Überlegen Sie einmal, in welchem Verhältnis in Ihrem Leben Anspannung und Entspannung stehen. Müßten Sie vielleicht wieder einen gesunden Ausgleich schaffen?
Was hat Ihrer Ansicht nach die Lebenseinstellung „Gelassenheit“ mit der Sinnfrage zu tun?

Dankbarkeit

Vor einiger Zeit berichtete eine Münchner Tageszeitung von einer Untersuchung des Darmstädter Germanisten Dr. Rudolf Hoberg über die Formulierung von Geburtsanzeigen in unseren Tagen. Er stellte fest, daß die Eltern die Geburt ihres Kindes häufig in, wie es heißt, originellerer Weise ankündigen, als das früher der Fall war. Die Formulierung „Dankbar und hocherfreut geben wir die Geburt einer gesunden Tochter bekannt" ist den Eltern zu langweilig geworden. Waren die Kinder früher „Geschenke des Himmels", war davon die Rede, daß den Eltern ein Kind geschenkt wurde, so ist heute wesentlich mehr von „machen" die Rede. Da heißt es dann beispielsweise: „Von wegen Storch, da muß ich lachen, man muß die Sache selber machen", oder: „Nach neun Monaten Planung ...", oder: „Unser geplantes Projekt ist abgeschlossen". Die „Produkte" werden dann auch wie technische Fertigungen beschrieben, und es kann heißen: „Unser Prototyp ist vom Band gelaufen."

Niemand wird die Originalität solcher Formulierungen bezweifeln, und irgendwie sind sie natürlich Spiegel unserer Zeit. Planung, Technik, Produktion. Hans Freyer nannte in seinem großartigen Buch „Die Theorie des gegenwärtigen Zeitalters" als Charakteristikum unserer Zeit die Machbarkeit, Planbarkeit und Organisierbarkeit. Wer nun die neuesten naturwissenschaftlichen Untersuchungen liest, wird bestärkt in diesem Machbarkeitseuphorismus. Geburtenplanung, künstliche Befruchtung, Retortenbabys, Geburtenkontrolle und Genmanipulation: Alles dies scheint Natur und Leben immer mehr in den Griff zu bekommen. Wo kann denn da tatsächlich noch von so etwas wie einem Geschenk des Himmels die Rede sein, wenn er selber Herr, Hersteller des Lebens wird? Können wir nicht schon heute Empfängnis und Geschlecht bestimmen, Unsicherheitsfaktoren weitgehend ausschalten, und wird in absehbarer Zukunft nicht noch mehr möglich sein: weitgehende Heilung von Unfruchtbarkeit, Kontrolle der Gene auf positive Eigenschaften hin, wie Konstitution, Intelligenz oder ähnliches? Wo aber nichts mehr dem Geschick überlassen wird, wo wir alles selber in der Hand haben, wo ist es da noch gerechtfertigt, von „Geschenken" zu reden? Wenn nun aber alles selbstverständlich wird, warum sollte man noch ein „Danke" in der Geburtsanzeige unterbringen? „Dankbar und hocherfreut geben wir die Geburt bekannt." Danken kann man dann allenfalls noch dem Arzt, der Hebamme, dem Genetiker oder dem „Zeugungspartner", der sich gleichzeitig zu dem „Projekt" entschlossen hat. In der Tat, wer würde „dankbar und hocherfreut" die Herstellung eines Autos oder dessen Reparatur bekunden? Wo alles machbar und planbar ist, haben Dank und Freude keine besondere Daseinsberechtigung.

Soll man über diese Entwicklung traurig sein? Es gibt keinen Zweifel, daß der Fortschritt auf dem medizinischen Sektor und die Genforschung für den Menschen viel Positives gebracht haben. Es wäre naiv, anzunehmen, das Rad der Geschichte ließe sich zurückdrehen. Im übrigen bringt auch eine Berufung auf die großen Zauberwörter „natürlich" und „naturgemäß" wenig. Denn wer die Geschichte studiert, wird erfahren, wie mehrdeutig und im Endeffekt nichtssagend diese Begriffe sein können.

Es gäbe aber dennoch einiges zu bedenken! Beispielsweise, wie vordergründig wir mit dem Begriff „Leben" umgehen. Wie lächerlich es ist, wenn wir bei noch so vorangeschrittener Forschung glauben, dem Leben auf die Spur gekommen zu sein. Was ist aber schon damit gesagt, wenn wir irgendwelche naturwissenschaftlichen, irgendwelche chemischen Prozesse benennen könnten, die etwa zum Übergang einer toten Materie zum Leben geführt haben? Das Eigentliche, Staunenswerte ist in erster Linie nicht das „Wie", sondern das „Daß". Wenn in der Philosophie immer das Staunen über das Werden in dieser Welt im Vordergrund gestanden ist und wenn Martin Heidegger

sagt, daß ihn am meisten wundere, daß etwas ist und nicht vielmehr nichts, dann ist das der eigentliche Kern der Weisheit. Daß überhaupt etwas ist, daß es Leben gibt, daß es eine Welt, eine Erde gibt, ist das tatsächlich so selbstverständlich?
Ganz und gar selbstverständlich ist auch nicht, daß es uns, mich und dich gibt, daß es uns gibt, so wie wir eben sind, als wir selber. Denken wir doch einmal (im wahrsten Sinne des Wortes) „nach“, wer und was bei unserem Zustandekommen alles beteiligt war. Daß sich just unsere Eltern fanden, sich „zufällig“ über den Weg gelaufen sind, daß ausgerechnet sie Gefallen aneinander gefunden haben, daß sie an diesem Tag, in dieser Stunde, ja Sekunde zusammengekommen sind – wissen wir doch, daß Bruchteile von Sekunden das Werden dieses oder eines durchaus anderen Menschen entscheiden – ist das alles kein Anlaß zum Staunen? Auch wenn die Zukunft noch so viel an Planbarem, Projektierbarem und Machbarem bringen mag, ein Blick in unsere Traditionen wird zeigen, wieviel an solchen „Zufällen“, „Geschicken“ notwendig war, daß wir, du und ich, das Licht der Welt haben erblicken dürfen. Ein beliebig gewähltes Datum: Hätte nicht just im Jahre 1203 ein Urahne bei einem Zunftfest an der Urahnin Gefallen gefunden, wäre sicher nicht der Bub auf die Welt gekommen, der vielleicht dein oder mein Urahne geworden ist. Wieviel solcher „Zunftfeste“, Begegnungen, gab es, bis es zu uns, ausgerechnet zu uns gekommen ist! Ich habe gerade „ausgerechnet“ gesagt, aber ausgerechnet „ausgerechnet“ ist wohl das falsche Wort. Denn mit „Ausrechnen“ hat unser Werden wohl am wenigsten zu tun. Die Machbarkeitseuphorie des Menschen muß da einen Dämpfer bekommen, wo er über sein Gewordensein nachdenkt. Auch wenn er sich noch so über alles autonom setzen will, er muß erkennen, daß er immer wieder auf Bedingungen seiner Vergangenheit, der Zeit vor ihm, aufbaut. Die Vergangenheit liegt also nicht in unseren Händen. Und wie ist es mit der Zukunft?

Da läßt sich sicher einiges planen, konstruieren, herstellen, in den Griff bekommen. Aber ist das wirklich so viel? Selbst, wenn wir meinen, daß auf unserer Erde alles immer machbarer wird, ein Blick auf den bestirnten Himmel müßte uns genügen, um uns wieder bescheiden zu machen. Ist es nicht auch schon ein Anflug von Großspurigkeit, daß wir diesen unseren kleinen Planeten „die Welt" nennen? Was kümmert die Welt, den Kosmos, das All tatsächlich dieses Stäubchen Erde? Was bedeuten wir, du und ich, aber für den Lauf dieser Welt? Sind wir nicht nur ein Stäubchen Zeit am Mantel der Ewigkeit? Ist es nicht geradezu lächerlich, wie wichtig wir uns hin und wieder nehmen, wie absolut wir uns in dieser Welt setzen? Ist die große Angstwelle nicht eine Reaktion auf die, wenn oft auch nur unterbewußte Feststellung, daß wir eben doch nicht absolute Herren über Leben und Tod sind, daß wir derart elementaren Ereignissen wie Leben, Tod, Trauer, Leid genauso schutzlos gegenüberstehen wie die Menschen zu allen Epochen der Geschichte, daß es keinen „Fortschritt" in Liebe, Glück, Freundschaft gibt, daß also der Mensch, um mit Ranke zu sprechen, immer unmittelbar zum Ab-soluten steht, immer gleich gefordert ist. In puncto Weisheit aber scheint man sich mit dem Fortschritt oft geradezu etwas rückwärts zu bewegen. Da nämlich, wo man seine Bedingtheit vor dem Absoluten vergißt, wo man sich selber absolut setzt, seine Grenzen und die Grenzen seines Wissens nicht anerkennt. Eigenartigerweise gewinnen wir aber im Eingeständnis unserer Grenzen und in der Anerkennung eines Größeren, des Absoluten, wieder an Wert, an Bedeutung.

Es ist, haben wir gesagt, durchaus nicht selbstverständlich, daß es uns gibt, daß wir leben dürfen. Das bringt auch mein Gedicht „Grund zur Freude" zum Ausdruck:

Ich, du, er, ihr und wir,
niemand kann was dafür,
daß uns einst das Leben
als Geschenk wurd' gegeben.

Denk bloß einmal dran:
Hätt' nicht irgendwann
der Großvater dort,
genau an dem Ort,
die Oma gesehn,
was wäre geschehn?

Es würd' keins von uns geben,
niemand wäre am Leben.
Und uns allen ist klar,
daß wir um ein Haar,
meine Damen und Herrn,
auf der Welt gar nicht wär'n.

Daß es jetzt aber dich,
euch, uns und auch mich
trotzdem gibt, diese Freud,
ja, die feiern wir heut!

Zum Nachdenken und Weiterdenken

Überprüfen Sie Ihre eigene Einstellung zum „Geschenk des Lebens": Halten Sie es eher für zufällig und selbstverständlich, oder gibt es Ihnen Anlaß zur Dankbarkeit? Wann haben Sie das letzte Mal bewußt zu jemandem „Danke" gesagt?

Gerade das Wörtlein „Freude" scheint in unserer Zeit ein arges Schattendasein zu führen. Albert von Schirnding stellte vor einiger Zeit die Frage, wo sie, der „schöne Götterfunke", denn geblieben sei in unserer Welt, und vor einiger Zeit wurde von Meinungsforschern festgestellt, fünfzig Prozent der Befragten hätten sich am betreffenden Tag überhaupt noch nicht gefreut, 21% hätten wenigstens am Tag zuvor Freude empfunden, und sage und schreibe 9% hätten Freude seit mindestens einem Jahr oder überhaupt noch nicht kennengelernt.
Im Streiflicht der Süddeutschen Zeitung machte man sich schon vor 20 Jahren dazu folgende Gedanken:

> Liegt das Freudendefizit ... am steigenden sozialen Anspruchsdenken, das unterhalb eines sechsstelligen Lottogewinns keine echte Freude mehr akzeptiert? Oder ist nur das etwas altväterlich klingende Wort bei der jüngeren Generation schon so „out", daß sie es nicht mehr mit Inhalten belegen kann, die zwar sachlich den Tatbestand der Lebensfreude erfüllen, aber unter andere Stichworte eingeordnet sind: Klasse, dufte, riesig, irre? Vielleicht sind die Menschen auch besser geworden, so daß der Verzicht auf kleine Bosheiten ihnen den Genuß der Schadenfreude schmälert. Die Tatsache, daß noch vor zehn Jahren ganze 66% der Bundesbürger sich an eine Freude am gleichen Tag erinnern konnten, drängt freilich eher den Verdacht auf, die Jagd nach schablonierten Konsumfreuden brauche unsere Unzufriedenheit immer mehr als Motor. (SZ vom 22.4.76)

„Unzufriedenheit als Motor" anstelle des „Lebensmotors Freude"? Stimmt es wirklich, daß wir in einer freudloseren Zeit leben als früher? Hat der Münchner Schriftsteller Sigi Sommer recht, wenn er von einer „mürrischen Generation" spricht? Oder ist das alles eine nostalgische Klage,

daß eben früher, in der „guten alten Zeit“, alles besser, schöner und freudvoller gewesen sei?
Eines ist sicher, wir müssen uns vor Schwarzweißmalerei hüten. Gewiß gibt es auch heute Freude, und ebenso gewiß gibt es auch noch genügend Anlässe zur Freude. Wir dürfen weder in die Einseitigkeit verfallen, nur „die Zeit“ oder „die Gesellschaft“ verantwortlich zu machen, noch den „Menschen von heute“ oder „die Jugend“ pauschal als „un-freudig“ hinstellen. Wichtig scheint mir ohnehin, daß man den Schwarzen Peter nicht einfach weitergibt, sondern nach konkreten Möglichkeiten einer Verbesserung sucht. Eines ist sicher: Wenn wir das Negative überwinden wollen, müssen wir uns wieder stärker an das Lebenselixier Freude erinnern, uns der Freude öffnen. Sich der Freude öffnen bedeutet aber, sich aus einer gewissen Verkrampfung zu lösen, nicht einfach nur auf eine gute Stimmung zu warten, sondern zu suchen, die Augen aufzumachen und einer Sache, einem Erlebnis die positiven Seiten abzugewinnen. Wir brauchen deshalb nicht kritiklos die Augen zu verschließen vor irgendwelchen Mängeln in und um uns, müssen uns aber bewußt sein, daß wir Mängel nur überwinden können, wenn wir uns des „Treibstoffs“ Freude bedienen.
Dazu ist notwendig, den rechten Blickwinkel zu finden und ein wenig hinter und über die Dinge zu schauen, mehr zu sehen. Ulrich Hommes gibt uns einen Tip dafür:

> Die Dinge sind ja meist doch anders, als wir das in geschäftiger Hast und Gier für gewöhnlich meinen. Sie sind gar nicht so glanzlos und haben sehr viel mehr Licht bei sich, als wir gemeinhin erkennen. Sollten wir nicht ... einmal fragen: Wozu habe ich denn Hände und Füße, den Mund, den Verstand und das Herz? Gibt es nicht etwas, das da ist für mich und das mich froh machen will – das Weiß einer Wolke am Himmel zum Beispiel, der Duft eines Strauchs vor dem Fenster, zu essen und zu trinken auch, und miteinander zu reden? Jeder

Tag, der uns geschenkt wird, ist voll von solch neuen Möglichkeiten, wir müssen sie nur entdecken und sie auch wirklich ergreifen.

Diese Bemühungen um eine positive Einstellung zum Leben sind wohl unübertroffen klar und klug in einem alten chinesischen Sprichwort ausgedrückt: „Der Narr ärgert sich, wenn der Krug schon halb leer ist. Ein Kluger freut sich, daß der Krug noch halb voll ist. Der Ärger füllt den Krug nicht auf, die Freude macht ihn nicht leerer. Aber der Freude schmeckt das köstlich, was dem Ärger bitter erscheint."
„Nicht in jeder Wolke steckt ein Blitz", heißt es in einem Spruch aus Usbekistan, „und steckt er drin, so schlägt er vielleicht nicht ein, und schlägt er ein, so vielleicht nicht bei uns, und wenn bei uns, so sengt er vielleicht nur, tötet aber niemanden."
Und Helen Keller sagt: „Mein Optimismus beruht nicht auf der Negation des Bösen, sondern auf dem frohen Glauben, daß das Gute überwiegt, und auf dem mächtigen Willen, immer mit dem Guten Hand in Hand zu arbeiten."
Mit diesem Wort ist tatsächlich das Wesentliche gesagt. Niemand wird leugnen, daß es eine Verkürzung der Wirklichkeit wäre, nur das Gute zu sehen. Aber es kommt darauf an, die besseren Seiten des Lebens immer wieder zu suchen, nicht zu ermüden, sich auf den Weg zu machen und dem Leben positiv gegenüberzustehen.

Haben nicht wir alle manchmal das Problem, daß wir die vielen Anlässe zur Freude, die uns jeder Tag bietet, zu wenig sehen? Vielleicht die beste Therapie ist, wenn wir uns einmal wieder bewußtmachen, daß das Kostbarste nichts kostet!

Äpfel, Birnen, Aprikosen,
Hemden, Kleider, Strümpfe, Hosen,
einen Farbstift und ein Buch,
einen Ball, ein buntes Tuch
und noch einen ganzen Haufen
kannst du dir für Geld wohl kaufen.
Doch es gibt auf dieser Welt
sehr viel Schönes ohne Geld:
Sternenhimmel, Sonnenstrahlen,
dafür brauchst du nichts zu zahlen.
Und dazu ist dir das Größte,
Schönste, Kostbarste und Beste
einfach als Geschenk gegeben.
Was das ist? Dein eignes Leben.

Zum Nachdenken und Weiterdenken

Kennen Sie Gedichte und Lieder, in denen die Freude über das Leben zum Ausdruck kommt (z.B. „Freut euch des Lebens")?
„Wie es auch sei, das Leben, es ist gut." Können Sie diesem Satz von Goethe zustimmen?

Genuß und Verzicht

Da gab es vor einigen Jahren einmal jene wissenschaftlich fundierte Theorie, daß einem Bedürfnis unmittelbar dessen Befriedigung folgen müsse, weil sonst die sogenannten Frustrationen entstünden. Auf diese merkwürdige Theorie wurden ganze pädagogische Systeme aufgebaut, die auch in der konkreten Praxis Folgen zeitigten.
Konrad Lorenz schrieb in dem Buch „Die acht Todsünden der zivilisierten Menschheit" (München 1973, S. 44) folgende bemerkenswerte Sätze:

> Die wachsende Intoleranz gegen Unlust – im Verein mit der verringerten Anziehungskraft der Lust – führt dazu, daß die Menschen die Fähigkeit verlieren, saure Arbeit in solche Unternehmungen zu investieren, die erst in der späteren Folge einen Lustgewinn versprechen. Daraus resultiert ein ungeduldiges Verlangen nach sofortiger Befriedigung aller aufkeimenden Wünsche ... Vor allem ist es die Freude, die durch wehleidige Unlustvermeidung unerreichbar gemacht wird ... Die heutzutage in ständigem Wachsen begriffene Unlust-Intoleranz verwandelt die naturgewollten Höhen und Tiefen des menschlichen Lebens in eine künstlich planierte Ebene, aus den großartigen Wellenbergen und -tälern macht sie eine kaum merkbare Vibration ... Kurz, sie erzeugt tödliche Langeweile.

Zum Nachdenken und Weiterdenken

In welchen Situationen kommt es wohl darauf an, Bedürfnisse aufzuschieben?
In welchen Bereichen könnten Sie sich in Ihrem Leben mehr Genuß gönnen, wo müßten sie mehr Verzicht üben?
Wie kommt es, daß Menschen, die materiell im Überfluß leben, ihr ganzes Dasein oft sinnlos und leer finden?

Humor

„Der deutsche Humor ist seiner Seltenheit wegen besonders wertvoll.“ *(Werner Mitsch)*

Gerade in der gegenwärtigen Pädagogik läßt sich eigentlich recht wenig Humor entdecken, wie ja auch die „Freude“ ein Schattendasein darin führt. Vielleicht hängt dieses Fehlen schon damit zusammen, daß man sich sehr schwer tut, den Humor zu definieren. „Humor“, meint nämlich Rudolf Presber, „ist das, was man nicht hat, sobald man ihn zu definieren beginnt.“ Und welche Theorie will schon auf genaue Definitionen verzichten! Vielleicht gefällt es aber einer auf Feinziele curricular bedachten Didaktik auch nicht, daß man den Humor so schwer „operationalisieren“ kann, weshalb man lieber auf ihn verzichtet. Oder könnte man sich ein Humor-Curriculum vorstellen – vielleicht, um die Schulebene zu verlassen und aufs berufspädagogische Feld zu kommen – ein „Humor-Curriculum“ für zukünftige Büttenredner, das dann so aussehen könnte:

Kognitive Ziele: mindestens fünf Karnevalsrufe wie Kölle Alaaf, Helau usw. kennen
Affektive Ziele: Freude am Mainzer Karneval empfinden; beim Einsetzen der Musik und an der jeweils richtigen Stelle der Büttenrede lachen
Psychomotorische Ziele: bei Stimmungsmusik mitklatschen (mittrampeln), schunkeln.

Höhere Lernleistungen im Sinne des sogenannten Transfers wären dann z.B.: Ostfriesenwitze mit Witzen über Bayern, Preußen beziehungsweise Österreicher vergleichen können, oder eine vergleichende Studie über das Willy Millowitsch-Theater, das Hamburger Ohnsorg-Theater und den bayerischen Komödienstadel.

Gott sei Dank aber kann man den Humor nicht operationalisieren, dozieren, konstruieren und so fort. Aber ein wenig auf die Spur kann man ihm schon kommen, und dabei kann man sich vielleicht den Spiegel vorhalten, ob man nicht eine ursprüngliche Gabe etwas verdeckt oder zu kurz kommen läßt in der für unsere Zeit so charakteristischen Hektik. Tatsächlich hat der Humor etwas zu tun mit dem Abstandgewinnen: Man sieht etwas von einer anderen Warte aus.

Humor ist nach Bert Brecht „Distanzgefühl". Man steht ein wenig über den Dingen und setzt sich und seine Sorgen nicht absolut, kann vielleicht sogar über sich, seine Fehler und Unzulänglichkeiten lachen. Man sieht seine eigenen Grenzen, aber auch die vielen Unzulänglichkeiten dieser Welt. Gerhart Hauptmann nennt den Humor „Erkenntnis der Grenzen, verbunden mit grenzenloser Erkenntnis". Und nur wer die Grenzen sieht, kann auch darüber hinwegsehen. Etwas sehen und trotzdem auch darüber wegsehen können ist etwas für den Humor Kennzeichnendes. „Wenn die Verlachung des eigenen Ich, die für die Selbstironie kennzeichnend ist, sich auf die Welt als Ganzes ausdehnt, wenn die Welt als fragwürdig empfunden und zugleich bejaht wird ..., dann ist die Schwelle des Humors erreicht." (Heinrich Lützelers fröhliche Wissenschaft, Freiburg 1978, S. 17).

Humor ist weder ein kritikloses Verschließen der Augen vor bestehenden Mängeln in der Welt noch eine rein optimistische Schönfärberei, sondern er lebt geradezu aus dem Wörtchen „trotzdem". Eine der bekanntesten Humorbestimmungen ist denn auch die von Bierbaum: „Humor ist, wenn man trotzdem lacht." Der Humorvolle liebt die Welt und den Menschen, obwohl er deren viele Unzulänglichkeiten erkennt. „Er lächelt. Ist Optimist oder Pessimist. Beides und nichts von beidem. Über diesen Gegensatz ist er hinaus. Er fühlt und erkennt aus dem Ganzen. Im Ganzen hat auch das Kleine seinen Ort und seine Notwendigkeit. Und seltsam, seinem klaren Auge wird manchmal selbst das Kleine noch zum unfreiwilligen Zeugen einer letzten, über die Welt waltenden Größe." (Lützeler, a.a.O., S.27)

Humor nimmt also gerade auch das Kleine ernst, erkennt es an, gibt ihm aber einen Platz im Ganzen, stellt die Relation her. Der Humor ist nach dem Gesagten also durchaus nicht in Gegensatz zum Ernst zu stellen, aber er ist „die Fähigkeit, heiter zu bleiben, wenn es ernst wird" (Ernst Petzold). Etwas ernst nehmen und doch heiter bleiben, das ist auch die gerade schon angesprochene Fähigkeit, sich nicht zu sehr in den Mittelpunkt zu stellen. Oliver Hassencamp sagt treffend: „Wir nehmen das Leben ernst, bis wir merken, daß es uns nicht ernst nimmt. Von da an kann es ganz gemütlich werden."

Humor ist auch etwas, das aus dem Zentrum der menschlichen Person kommt, er ist herzlich, kommt vom Herzen und geht zum Herzen. So formuliert Rudolf Binding: „Der Humor ist eine Eigenschaft des Herzens – wie die Liebe. Es gibt Menschen, die *nicht lieben können;* wahrscheinlich sind es dieselben, die keinen Humor haben."

Vielleicht ist diese Herzlichkeit, die ja auch der Unmittelbarkeit verwandt ist, heute besonders notwendig, gerade für uns, die wir in Gefahr sind, in allen möglichen Windungen und Umwegen zu denken und zu reden. Zitiert sei hier auch St. Exupérys bekanntes Wort aus seinem *Kleinen Prinzen:* „Man sieht nur mit dem Herzen gut. Das Wesentliche ist dem Auge unsichtbar." Wer mit dem Herzen schaut, schaut auch durch viele „Humorkiller" wie Verwaltung, Verordnung, Bürokratie hindurch. Er blickt überhaupt besser durch.

Ein wenig muß man sich freilich auch um diese Gabe des Herzens bemühen. Es kommt auch auf unser Dazutun an, wie wir die Welt sehen, daß wir vor lauter Wald die Bäume noch sehen, vor lauter Gesellschaft noch den Menschen, den einzelnen, die Person wahrnehmen. Und vor allem kommt es darauf an, daß wir uns um eine positive Schau bemühen, denn ein altes arabisches Sprichwort

sagt: „Ärgere dich nicht darüber, daß der Rosenstrauch Dornen trägt, sondern freue dich, daß der Dornenbusch Rosen trägt."
Gerade in der Erziehung stellt der Humor das Element dar, das verhindert, daß etwas zu trocken, zu sachlich, zu stur wird. Er ist das Öl, das die Wogen glätten kann, Reibungen verhindert oder mildert. Und in dieser Hinsicht ist er auch etwas Versöhnliches, Ausgleichendes. Kein Wunder, daß ein Spruch sagt, Erzieher ohne Humor seien wie farbenblinde Maler. Humor, der „Schwimmgürtel auf dem Strom des Lebens" (Raabe) - ist er nicht etwas ganz Wesentliches, wenn wir Erziehung als „Lebenshilfe" definieren? Hilft er uns doch, das Leben mit seinen Schwierigkeiten zu bestehen, gleichzeitig aber immer in ihm das Großartige, Schöne zu sehen. Wenn wir in der Erziehung immer wieder davon sprechen, daß sie „Hilfe zur wesensgemäßen Selbstverwirklichung" (F. Stippel) leisten soll, dann leistet Humor für die Orientierung an dem, was wesensgemäß und wesentlich ist, wertvolle Hilfe: Er ist es nämlich, der, wie Erich Kästner sagt, „den Augenblick an die richtige Stelle rückt" und „uns die wahre Größenordnung und die gültige Perspektive lehrt. Er macht die Erde zu einem kleinen Stern und uns selber bescheiden."

Zum Nachdenken und Weiterdenken

Kennen Sie besonders humorvolle oder ausgesprochen humorlose Menschen in Ihrem Bekanntenkreis oder an der Öffentlichkeit? Woran zeigt sich der Humor oder die Humorlosigkeit dieser Menschen?
Kennen Sie Texte, Fernsehsendungen oder Filme, die man als humorvoll bezeichnen könnte?
Wo hört für Sie der „Spaß" auf?

Glück: Dieses kurze Wort ist möglicherweise das wichtigste für den Menschen. Kreist nicht all unser Handeln und Streben um diesen Begriff, und ist es nicht ausgesprochener- oder unausgesprochenerweise das ständige Ziel unseres Lebens? „Glücklich leben", meint Seneca, „will jedermann, aber was zu einem solchen glücklichen Leben gehört, das ist den meisten unklar und verborgen." Und Solschenizyn sagt: „Der Sinn des Lebens, das ist Glück."

Doch was ist es nun, dieses Glück? Wir reden davon, wünschen es uns, glauben, es zu haben, und trauern ihm nach. Wolf Schneider fragt: „Ist es fröhlicher Trubel oder abgeklärte Ruhe? Das Bewußtsein edler Pflichterfüllung oder ein gelungener Coup? Ist es Romeos einzige Liebe oder Don Juans Leidenschaft ...? Ist das Glück verloren, seit wir der warmen Geborgenheit des Mutterleibes entrissen worden sind ...? Ist es gewonnen, wenn die Gesellschaft sich in den paradiesischen Endzustand des Kommunismus schwingt ...? Ist es ein Akt der Nächstenliebe oder ein Lottogewinn?"

Hugo von Hofmannsthal antwortet auf die Frage: „Glück ist alles, Stunde, Wind und Welle" und „Glück ist ein buntes Nichts, vom Traum gewebt."

Viele haben versucht, das Glück mit ein paar Worten zu umschreiben. Nur ein paar Bestimmungsversuche seien erwähnt: „Glück ist nie genau das, was man sich darunter vorgestellt hat" (Somerset Maugham). „Glück ist das Talent für das Schicksal" (Novalis). „Alles, was die Seele durcheinanderrüttelt, ist Glück" (Arthur Schnitzler). „Ein tiefgehendes, instinktives Einssein mit dem Strom des Lebens" (Bertrand Russell). „Gott, was ist Glück: eine Grießsuppe, eine Schlafstelle, keine körperlichen Schmerzen – das ist schon viel" (Theodor Fontane). „Das Wenigste, gerade das Leiseste, Leichteste, einer Eidechse Rascheln, ein Hauch, ein Husch, ein Augenblick – wenig macht die Art des besten Glücks" (Friedrich Nietzsche).

Viele Aussagen stimmen darin überein, daß das Glück etwas Augenblickliches, Flüchtiges ist: „Glück ist der Augenblick, den wir nicht gegen das Nichtsein eintauschen wollen“ (Montesquieu). Glück, Glücklichkeit ist ein Ding des Augenblicks, und selbst in der bescheidenen Form der Zufriedenheit ist es Vergänglich-Zeitliches. „Man kann den Augenblick nicht halten, und was man behält, wird farblos“ (Teilhard de Chardin).

Glück ist bestimmt etwas Individuelles, Persönliches. Für jeden ist das Glück etwas anderes, und es hängt von der Situation, vom Augenblick ab, was wir gerade als Glück empfinden: ein Bett, in das man sinken kann, der Schluck Wasser aus einer Quelle nach einer langen Wanderung, der uns sonst vielleicht überhaupt nichts bedeutet. Der wärmende Ofen, wenn wir aus der Winterkälte in die Geborgenheit des Hauses zurückkommen, ebenso der schattige Baum, der uns bei Sommerhitze Kühlung gewährt.

Glück lebt aus dem Augenblick, und es lebt aus dem Kontrast. Dazu gehört auch, daß es kein endloses oder auch endgültiges irdisches Glück geben kann. Glück ist von unserer menschlichen Existenz her auch immer in Frage gestellt, denn wir wissen, daß wir als Sterbliche immer vom Ende bedroht sind, daß sich nichts halten läßt. Und dennoch erwächst vielleicht gerade vom Blick auf das Ende her jenes Bewußtsein von der Kostbarkeit des Augenblicks, in dem vielleicht etwas von dem ganz großen, endgültigen Glück herein- oder herüberblitzt.

Glück, sagten wir, läßt sich nicht machen und nicht planen. Wir können uns wohl aber etwas „einüben“ in die Glücksbereitschaft, wir können lernen, etwas von den vielen Glücksmöglichkeiten um uns wahrzunehmen. Die Literatur ist voll von Aussagen, die auch uns die Sinne für unsere Glückschancen öffnen. Und sei es nur das „Tirili, tirili! Ich lebe!“, das Heinrich Heine in seinen „Italienischen Reisebildern“ ruft, jenes Glücksempfinden, da sein zu dürfen und das Leben als Geschenk bekommen zu

haben. Mehr Glück, sagt Nietzsche in „Menschliches – Allzumenschliches“, gebe es auf Erden, „als trübe Augen sehen: Wenn man nämlich ... nur alle jene Momente des Behagens, an welchen jeder Tag in jedem, auch dem bedrängtesten, Menschenleben reich ist, nicht vergißt.“
Wolf Schneider hat einige Momente Glück aufgestöbert in der Literatur: die Blume auf einem fernen Stern, an die zu denken den „Kleinen Prinzen“ glücklich macht. Die sauren Stachelbeeren, an denen sich bei Tschechow der arme Gutsbesitzer labt, weil sie selbstgeerntet sind. Begonien gießen und die Blätter berühren wie die hundertjährige Blinde, die Jorge Luis Borges darum „glücklich“ nennt. A Haus und a Kuh und a Millisupperl in der Fruh – die Erdenwünsche der „Rumplhanni“ bei Lena Christ. Und sie ließen sich beliebig vermehren, diese Beispiele. Wer im Übermaß fündig werden will, der lese bei dem Münchner Schriftsteller Sigi Sommer nach, der ein Gespür ohnegleichen für das kleine Glück im Alltag hat. Man müßte ihn ohnehin zur Pflichtlektüre erklären. Und wer dann noch jammert, daß dieses Leben langweilig und leer ist, dem ist nicht mehr zu helfen.
Glück ist aber auch nicht zuletzt da, wo man es weitergibt. „Glücklich machen“, meint Fontane, „ist das höchste Glück.“ Wenn wir an jenem ersten Tag im Jahr den anderen Glück im neuen Jahr wünschen, dann sollten wir es nicht bloß bei dem frommen Wunsch belassen, sondern auch selbst ein wenig Augen und Ohren aufmachen, wann, wie und wo es uns glücken kann, ein wenig von dem kleinen Glück in diese Welt zu bringen. Ich wünsche viel Glück dabei.

Folgende Aussagen über das Glück könnten eine Hilfe für unsere Lebensgestaltung sein:

Glück ist nie genau das, was man sich darunter vorgestellt hat. *(Somerset Maugham)*

Der glücklich und zufrieden ist, der weiß, was er nicht braucht. *(Wolfgang Herbst)*

Erfolg ist: zu bekommen, was man sich wünscht.
Glück ist: zu wünschen, was man bekommt.

(Dal Canegio)

Das Glück ist nicht in einem ewig lachenden Himmel zu suchen, sondern in ganz feinen Kleinigkeiten, aus denen wir unser Leben zurechtzimmern.

(Camen Sylva)

Viele Menschen versäumen das kleine Glück, während sie auf das große vergebens warten.

(Pearl S. Buck)

Glücklich machen ist das höchste Glück.

(Theodor Fontane)

Das Glück liegt in der Suche nach dem Glück.

(Jules Renard)

Zum Nachdenken und Weiterdenken

Versuchen Sie folgenden Satz schriftlich zu ergänzen: „Glück heißt für mich, ...“.
Überlegen Sie, wie Sie alleine oder mit Ihrer Familie wieder kleine „Glückserfahrungen“ in Ihrem Leben machen könnten (z.B. Bergwanderung, Spaziergang, ein schönes Essen u.v.a.m.).

Nur wer mit sich selbst und seiner unmittelbaren Umwelt zurechtzukommen versucht, wird auch in weiteren Bereichen wirken können. Bloß in dieser überschaubaren und erlebbaren Welt kann ich erfahren, was wesentlich und wichtig ist, und worum es im Leben immer wieder geht: das kleine Glück, Lieben und Geliebtwerden, Freude und Traurigkeit, aber auch Hoffnung und Vertrauen auf das Gute. Der ganz große Frieden beginnt mit dem Frieden in uns und um uns. Und der nationale und internationale Umweltschutz fängt mit der Verantwortung für unsere nächste Umwelt an.
Es heißt nicht, die Wunderwelt der Technik in Frage zu stellen, wenn wir zunächst einmal die Wunder und das Wundersame in unserer Nähe wieder entdecken und erleben. Im übrigen stellen die Wunder der Technik und die Wunder der Schöpfung beileibe keinen Gegensatz dar. Sagh stellt treffend fest: „Den Glauben an Wunder wird der Mensch nicht verlieren, solange es farbig gedruckte Samenkataloge gibt." In der Tat, birgt nicht jedes Körnchen, jeder Same das Wundersame schlechthin in sich: neues Leben, das wiederum Leben weitergeben kann? Wie sagt doch Eichendorff in dem kleinen und großartigen Gedicht *Wünschelrute:*

Schläft ein Lied in allen Dingen,
die da träumen fort und fort,
und die Welt hebt an zu singen,
triffst du nur das Zauberwort.

Wir alle kennen den schönen Spruch „Klein, aber fein". Aber wieso heißt es eigentlich „aber"? Könnte es nicht genausogut „Klein, also fein" heißen? Irgendwie scheint der „Duft der großen, weiten Welt" doch interessanter zu sein als das Kleine.

Das ist natürlich nichts Neues, denn zu allen Zeiten hat der Mensch das Große, Monumentale bewundert. Weltwunder, das waren die Pyramiden und der Koloß von Rhodos, und sicher ist das Universum, der Kosmos, vielleicht das Wunder schlechthin. Was wäre das große Wunder aber, wenn es nicht die vielen ungezählten kleinen Wunder jedes Mikrokosmos gäbe? Bekommen wir je einen Blick für das Große, wenn wir nicht vorher das Kleine, Überschaubare entdeckt haben?

Das Sprichwort: „Man sieht den Wald vor lauter Bäumen nicht" könnte genausogut heißen: „Man sieht den Baum nicht mehr vor lauter Wald". Denn: muß man nicht den Baum in seiner Einmaligkeit, in seiner Großartigkeit zunächst kennengelernt und erfahren haben, ehe man die Schönheit des Waldes wirklich begreift? Wieviel war in den letzten Jahren von der Menschheit, von der Gesellschaft die Rede und wie wenig vom konkreten Menschen und seiner Frage nach dem Sinn des jeweiligen persönlichen Daseins?

Langsam schicken wir uns Gott sei Dank wieder an, das Kleine, Überschaubare, Persönliche zu entdecken. Der alte didaktische Grundsatz vom Nahen und Fernen gewinnt wieder Bedeutung.

Man fragt sich freilich, ob es so vieler Irrtümer bedurfte, bis man die Ungemütlichkeit der Wohnsilos entdeckte, bis sich der gesunde Menschenverstand und die Erkenntnis durchsetzten, daß Gemütlichkeit nicht unbedingt in großen Flächen wohnt, sondern in kleinen Ecken, Nischen und Winkeln. Ist es nicht sinnvoller, bevor man sich auf die großen Bundesstraßen und Autobahnen wagt, zunächst einmal die Freuden am Weg und Wegrand erlebt zu haben? Das Kleine braucht bekanntlich ein wenig Zeit; man muß es sich genau anschauen.

Vielleicht sollten wir mehr mit Lupen als mit Ferngläsern oder auch Fernsehapparaten arbeiten. Wäre nicht das Nahe und Nächste eine echte Programmalternative zum Fernsehen?

Die angesprochene Fähigkeit, all die vielen kleinen Wunder um uns wahrzunehmen, hat Sigi Sommer in seinen Gedanken „Nach Sonnenaufgang" liebevoll beschrieben:

Blasius hat eine seltsame Angewohnheit. Jedesmal nämlich, wenn er morgens aus seiner Sperrholzschachtel kraxelt, setzt er sich nochmals auf die Kante der Traumschublade und wundert sich. Jeden Tag wundert und freut sich Blasius aufs neue, wie fast alles so schön bei ihm funktioniert. Was doch keinesfalls sein müßte, denn der Mensch besteht aus etwa fünf Millionen Einzelteilen. Drum zählt der Spaziergänger auch jedesmal zuerst seine Zehen und jubiliert ganz leise, daß er immer noch alle zehn hat. Und warum sollte es eigentlich so selbstverständlich sein, wenn er sich bückt, um die Schuhbandl zu binden, daß er auch wieder hochkommt. Und nicht den Rest seines Daseins mit vier Füßen wie ein Cocktailtisch herumlaufen muß. Wer könnte ferner dafür haftbar gemacht werden, wenn die Augen bei einer Blickwendung einfach nicht mehr geradeaus zurückgehen wollten. So daß die Leute dann von einem solchen Menschen sagen würden: „Schau dir bloß den an. Der schielt ja so stark, daß ihm beim Weinen die Tränen über den Buckel hinunterlaufen." …
Doch leider gibt es halt viele mürrische Menschen und Muffel. Die haben in der Morgenstunde beileibe kein Gold im Mund, sondern das geläufigste Wort unserer leicht gestörten Zeit ... Und nur wenige Leute denken sicher nach Sonnenaufgängen dran, was sich der liebe Gott und seine ganze Firma doch fast jeden Tag Neues einfallen lassen müssen, meint Blasius. Und was das bloß für eine Riesenarbeit ist, zum Beispiel die Vögel auf der ganzen Welt während der Nacht wieder mit einem Schlüssel aufzuziehen. So daß sie am Morgen allesamt ihr zustehendes Lied singen und nicht versehentlich „Die Wacht am Rhein", oder „Coca-Cola" schreien, statt: „Kuckuck", „Tirili" oder dergleichen. ... Oder denkt der kleine Mann –

bis hinauf zum Arbeitsminister – womöglich auch einmal darüber nach, was es bei der überall herrschenden Personalknappheit wohl für eine Menge Arbeit ist, den Himmel königsblau zu streichen, ohne Streifen und ohne daß die Farbe sofort wieder abblättert. Und wer kämmt die Sonne morgens, wenn sie sich aus dem zerwühlten Wolkenbett herausrappelt, damit ihre gelben Haare so schnurgerade werden wie Strahlen?
(Sommer, S.: Kinder, wie die Zeit vergeht. Kleine Szenen aus meinem Leben. München 1973, S. 233f.).

... eine Inspiration für mich, mein eigenes Staunen über das scheinbar Selbstverständliche in Gedichtform zu bringen:

Daß die Sonne stets am Morgen
nach der dunklen, finstern Nacht
aufgeht und am Himmel oben
ihre helle Runde macht.
Welche Fülle, welches Leben
in dem kleinsten Samen steckt,
daß im Frühling aus der Erde
neues Leben sich aufreckt.
Und der Baum, gerade kahl noch,
wieder grüne Blätter bringt,
daß aus einem harten Felsen
eine frische Quelle springt.
Daß aus einem Ei ein Vogel
schlüpft und ganz lebendig ist,
daß durch meinen ganzen Körper
Blut und Kraft und Freude fließt,
daß ich in die Welt geboren,
daß es gibt uns, dich und mich,
daß ich leben darf und staunen,
über all das staune ich.

Ist das kleine Samenkorn nicht ein Wunder, über das man nicht genug staunen kann?

Wenn wir „Welch ein Wunder!“ raunen,
über neue Technik staunen,
über neueste Raketen,
die erreichen schon Planeten,
über Roboter, Computer
– wieviel kann er, wieviel tut er –,
sollten wir doch unterdessen
größre Wunder nicht vergessen,
gegen welche diese einem
unbedeutend fast erscheinen.
Nur ein Beispiel will ich nennen,
eines, das wir alle kennen,
jenen winzig kleinen Samen,
aus dem Wunder kommen, kamen.
Gräser, Kräuter und Getreide,
Blumen, eine Augenweide,
blühend, duftend, bunt und bunter,
und, o Wunder über Wunder,
Bäume, Blätter, Früchte tragend,
mächtig in den Himmel ragend.
Alles ruht in dieser Fülle
in des Samens zarter Hülle.
Und dem Samen ist gegeben
jenes größte Wunder Leben,
jene wundersame Kraft,
die, erschaffen selbst, neu schafft.

Zum Nachdenken und Weiterdenken

Über welche „kleinen“, alltäglichen Dinge des Lebens müßten wir eigentlich staunen?
Was halten Sie selbst in Ihrem Leben zunächst für selbstverständlich? Sind es nicht vielleicht doch Wunder?

Offenheit und Vertrauen

Man möchte es nicht glauben: In unserer Zeit, in der man gemeint hat, man hätte die ganze Erde bis in ihre geheimsten Winkel erkundet und auch die fernsten Stämme erforscht, kommt es immer wieder zu aufsehenerregenden Entdeckungen. Kennen Sie beispielsweise diesen merkwürdigen Volksstamm, dem viele, viele Menschen angehören? Es gehören ihm ganz sonderbare Typen an, die, wenn wir sie mit uns vergleichen, seltsamerweise sehr oft negative Charaktereigenschaften und Untugenden haben. Einige Beispiele: Wenn *wir* sparsam sind, sind *diese* Leute geizig, sind *wir* vorsichtig, so sind *sie* feig. *Wir* sind ordentlich, *sie* pedantisch, *wir* halten einen gesunden Abstand, *sie* sind arrogant. *Wir* sind witzig, *sie* albern. *Wir* haben einen Standpunkt, und *sie* sind festgefahren. *Wir* gehen mit der Zeit, *sie* sind Opportunisten. *Wir* denken rationell, *sie* aber berechnend. *Wir* sind originell, *sie* aber seltsame Käuze.

Es gäbe noch eine ganze Menge über diesen Stamm zu sagen. Wie er heißt? Sie haben es erraten: Es sind „die anderen“. Irgendwie brauchen wir den Stamm aber doch, um uns von ihm positiv abzuheben. Auf ihn läßt sich auch viel schieben, denn schuld sind nun einmal häufig die anderen. Lichtenberg schreibt über unser Verhältnis zu diesem „Volk“: „Jeder Fehler erscheint uns dann, wenn andere ihn begehen.“ Vielleicht sollten wir uns doch dieses „Stammes“ annehmen, denn irgendwie gehören wir ihm ja auch an und sind in den Augen der anderen selber die anderen.

Und nun im Ernst. Der Mensch ist von seiner Natur her auf den anderen angewiesen. Ludwig Börne meint: „Vieles kann der Mensch entbehren, nur den Menschen nicht.“ Und Martin Buber sagt: „Das Ich wird erst am Du zum Ich.“ Unsere Selbstverwirklichung führt, ob wir wollen oder nicht, über den Weg zum anderen. Das wußte bereits Seneca, wenn er formuliert: „Willst du für dich

leben, leb für andere." Und André Gide stellt fest: „Der beste Versuch, sich selbst kennenzulernen, ist der Versuch, andere zu verstehen."
Wenn wir dem Verstehen noch ein wenig von der Zauberessenz Güte und Liebe beimischen, erscheint der andere plötzlich ganz verwandelt. Dabei gilt nicht nur, was Eugen Roth sagt: „Ein Mensch ist manchmal wie verwandelt, sobald man menschlich ihn behandelt". Beherzigenswert ist auch noch ein anderes Wort: „Schön ist eigentlich alles, was man mit Liebe betrachtet" (Christian Morgenstern).

Mir fällt jene herrliche Geschichte vom Soldaten Schwejk ein, wie dieser plötzlich im Kornfeld einem Feind begegnet und wie sie, statt einander abzuknallen, ins Gespräch kommen, ihre Namen nennen, über ihre Familie sprechen, Bilder von zu Hause herzeigen und plötzlich von Mensch zu Mensch Freunde werden.
Müßte man nicht im Sinne einer guten Friedens-, aber auch Umwelterziehung alles mögliche dazu tun, daß wir in unserer so anonymen Welt den anderen und das andere wieder mehr beim Namen nennen können? Der Name, sagt Goethe zwar, „ist Schall und Rauch". Name kann aber mehr sein. Wissen wir doch, daß wir einen Lehrer besonders schätzten, wenn er sehr schnell unseren Namen wußte – auch da, wo er uns zurechtwies.
Sollten wir uns nicht in unserem Umfeld mehr bemühen, den einzelnen wieder in seinem Namen, in seinem Wesen kennenzulernen? Ihn nicht einfach als „den Türken", „den Preußen", aber auch „den Angestellten", „den Antragsteller" mit einem „der da", „die da" abzutun? Das kann nicht immer gelingen. Aber mit ein bißchen gutem Willen könnten wir es doch schaffen, über den anderen etwas in Erfahrung zu bringen. Unsere Gesellschaft, die so sehr an Anonymität und Kommunikationslosigkeit leidet, wäre gut beraten, wenn sie dem Trend, alles in Zahlen, Buchstaben, Abkürzungen zu erfassen, begegnen würde und so das einzelne, den einzelnen mit all seinen Eigenarten

als liebenswertes Wesen herauszuholen versuchte, und sei es nur in der Form des Kose- oder Spitznamens. „Der einzige Name", sagt Boleslaw Barlog, „der den Menschen wirklich charakterisiert, ist sein Spitzname." Denken wir wieder an unsere Schulzeit. Haben wir nicht einen besonderen Bezug zu einem Lehrer gewonnen, wenn wir ihm einen Spitznamen verliehen hatten, wenn er nicht nur mehr der Mathematiklehrer oder der Herr Professor war? Den Menschen und den Dingen um uns herum wieder Namen zu geben, erfordert ein wenig Zeit. Wir müssen uns mit ihnen vertraut machen. Aber es lohnt sich.
Wieder fällt mir die schöne Geschichte vom Kleinen Prinzen und dem Fuchs ein, die sich einander vertraut machten. Die Welt wird nicht nur interessanter, sie wird auch schöner, vor allem aber menschlicher, wenn wir uns Anonymes und scheinbar Fremdes vertraut machen.

Dem anderen eine Chance geben, daß er unser Freund wird, bedeutet, daß wir versuchen, ihm namentlich zu begegnen. Und da erinnere ich mich auch an eine Strophe des so schönen Liedes „Weißt du, wieviel Sternlein stehen", die heißt:

> Gott der Herr rief sie mit Namen,
> daß sie all ins Leben kamen,
> kennt auch mich und hat mich lieb.

Anders sein – ist das nicht ein Problem, das jeden von uns angeht? Und ist es nicht an uns, die Schranke des Andersseins zu durchbrechen, wenn der andere das nicht kann? Jedenfalls, glaube ich, sollten wir das beherzigen, was ich früher einmal schon so formuliert habe:

Manchmal triffst du einen Menschen,
der ganz anders ist als du,
weil er etwas anders aussieht
und weil er vielleicht dazu
auch noch etwas anders redet,
daß man ihn oft kaum versteht,
andres glaubt und anders betet.
Wenn ihr einen andern seht,
überleg dir, daß die einen eben
anders als die andern sind,
weil sie sonst woanders leben,
eines andern Landes Kind.
Anders sein, das heißt nicht: dümmer,
fauler oder schlechter sein.
Aber öfter ist der andre,
weil er anders ist, allein.
Denk daran, daß du bei andern
ebenfalls ein andrer bist,
der sehr froh ist, wenn dort einer
dir ein guter Freund bald ist.

Wenn wir die Schranke des Andersseins durchbrechen und uns einem anderen vertraut machen, haben wir die Chance, etwas unschätzbar Wertvolles zu gewinnen: einen wahren Freund.

Jemand, der da ist, geht's dir einmal nicht gut,
und der, was er kann, für dich dann auch tut,
der Zeit für dich hat, viel Zeit jederzeit,
und der zu dir steht in Freud und Leid,
der gern mit dir froh ist, der gern mit dir lacht,
der Spaß versteht und Gaudi mitmacht.
Und selbst, wenn alles um dich herum fällt,
nicht ausläßt und jetzt erst recht zu dir hält,
jemand, der da ist, wie es auch steht,
durch dick und dünn für dich immer geht,
ein Mensch, auf den man todsicher baut,
vor dem man denken darf sogar laut.
Wenn du so irgend jemand kennst, paß auf immerdar:
denn das ist ein Freund, und Freunde sind rar.
Freunde kannst du nicht kaufen für noch so viel Geld,
einen Freund mußt du suchen wie nichts auf der Welt.

Zum Nachdenken und Weiterdenken

Überlegen Sie einmal, wie viele Freunde Sie haben. Was macht diese Menschen zu Ihren Freunden?
Woran liegt es, daß immer mehr Menschen als „Single" oder in Anonymität leben?
Wie verspielt man allzu leichtfertig Freundschaften?
Was hat das Thema „Offenheit und Vertrauen" mit der Sinnfrage zu tun?

Da gibt es von alters her den simplen Satz: „Glauben heißt nicht gescheit wissen." Von diesem Satz her begründet sich dann in einem Zeitalter, das sich so gern ein aufgeklärtes und verstandesbetontes nennt, die Geringschätzung des Wortes „glauben". Nun sollte man aber, meine ich, bevor man über das Glauben geringschätzig redet, zunächst einmal fragen, was es mit dem Wissen eigentlich auf sich hat.

Der populäre bayerische Satz „Nix G'wiss' woaß ma net" hat eine recht lange Denktradition. Den wohl bekanntesten Ausspruch über das Wissen tat der alte Sokrates, der sagte: „Ich weiß, daß ich nichts weiß." Diese Erkenntnis erfuhr im Lauf der Geschichte die verschiedensten Neuformulierungen. Da gab es die *docta ignorantia,* die gelehrte Unwissenheit des Nikolaus von Kues, und da gibt es so schöne Definitionen wie „Wissen nennen wir jenen kleinen Teil der Unwissenheit, den wir geordnet und klassifiziert haben" (Bierce). Curt Goetz meint: „Wer weiß, daß er nichts weiß, weiß mehr als der, der nicht weiß, daß er nicht viel weiß."
Damit ist keineswegs gesagt, daß man auf das Wissen verzichten sollte, sondern lediglich, daß das Wissen eine Grenze hat, daß das ehrlichste Wissen also ein Wissen um die Beschränktheit unseres Wissens ist. Dieses Wissen könnte man auch als Weisheit bezeichnen. Und ein Wissen ohne diese Weisheit ist nach Werner Mitsch „wie ein Halsband ohne Hund". Zunächst gilt es also einmal festzuhalten, daß Glauben nicht eine schwächere Form des Wissens ist, sondern eine andere Dimension, wobei sich Glauben und Wissen keineswegs widersprechen müssen. „Glaube ist nicht eine verminderte Form von Naturwissenschaft, eine antike oder mittelalterliche Vorstufe, die entschwinden muß, wenn das Eigentliche kommt, sondern etwas vom Wesen her anderes. Er ist

nicht ein vorläufiges Wissen ... Glaube ist eine Eröffnung der Wirklichkeit, die nur dem Vertrauenden, dem Liebenden, dem als Mensch Handelnden zukommt, und als solche nicht abkünftig von Wissen, sondern ursprünglich wie dieses, ja tragender und zentraler für das eigentlich Menschliche als dieses." (Ratzinger, J.: Glaube und Zukunft. München 1970, S. 30ff.).
Eine in diesem Zusammenhang bemerkenswerte Aussage stammt von Albert Einstein: „Im letzten Jahrhundert, und teilweise auch schon im vorhergehenden, war die Ansicht weit verbreitet, daß Wissen und Glaube in unversöhnlichem Gegensatz zueinander stünden. Unter den fortschrittlichen Geistern herrschte die Überzeugung, es sei an der Zeit, den Glauben in steigendem Maß durch Wissen zu ersetzen. Ein Glaube, der nicht selbst auf Wissen beruhte, galt als Aberglaube und war als solcher zu bekämpfen. Dementsprechend bestand die einzige Funktion der Erziehung darin, den Weg zum Denken und Wissen freizulegen, und die Schule, das führende Organ des Staates zur Volkserziehung, hatte ausschließlich diesem Zweck zu dienen. ... Der schwache Punkt solcher Auffassung liegt ... darin, daß sich diejenigen Überzeugungen, die für unser Handeln und Werten maßgebend und nötig sind, allein auf diesem soliden, wissenschaftlichen Weg überhaupt nicht gewinnen lassen. Denn die wissenschaftliche Methode kann uns nichts weiter lehren, als Tatsachen in ihrer gegenseitigen Bedingtheit begrifflich zu erfassen. Das Streben nach solcher objektiven Erkenntnis gehört zu dem Höchsten, dessen der Mensch fähig ist ... Aber ebenso klar ist es, daß von dem, was ist, kein Weg führt zu dem, was sein soll. Aus der noch so klaren und vollkommenen Erkenntnis des Seienden kann kein Ziel unseres menschlichen Strebens abgeleitet werden. Die objektive Erkenntnis liefert uns wichtige Werkzeuge zur Erreichung bestimmter Ziele. Aber das allerletzte Ziel und das Verlangen nach seiner Verwirklichung muß aus anderen Regionen stammen. Daß unser Dasein und unser Tun

nur durch die Aufstellung eines solchen Ziels und entsprechender Werte einen Sinn erhält, braucht gewiß nicht weiter erörtert zu werden ...“ (Einstein, A.: Naturwissenschaft und Religion. I. Teil. In: Aus meinen späten Jahren. Stuttgart 1952, S. 25ff.)

Aussagen großer Naturwissenschaftler, gerade auch aus der Gegenwart, bekunden diese gegenseitige Verwiesenheit von Glaube und Wissen. So meint beispielsweise Max Planck: „Wohin und wie weit wir also blicken mögen, zwischen Religion und Naturwissenschaft finden wir nirgends einen Widerspruch, wohl aber gerade in den entscheidenden Punkten volle Übereinstimmung. Religion und Naturwissenschaft schließen sich nicht aus, wie heutzutage manche glauben und fürchten, sondern sie ergänzen und bedingen einander. – Gott steht für den Gläubigen am Anfang, für den Physiker am Ende allen Denkens.“ Wernher von Braun stellt fest: „Die gelegentlich gehörte Meinung, daß wir im Zeitalter der Weltraumfahrt so viel über die Natur wissen, daß wir es nicht mehr nötig haben, an Gott zu glauben, ist durch nichts zu rechtfertigen. Bis zum heutigen Tag hat die Naturwissenschaft mit jeder neuen Antwort wenigstens drei neue Fragen entdeckt! – Nur ein erneuter Glaube an Gott kann die Wandlungen herbeiführen, die unsere Welt vor der Katastrophe retten können. Wissenschaft und Religion sind dabei Geschwister, kein Gegensätze.“ Und Hoimar von Ditfurth schließlich sagt: „Wenn jemand aus der unbezweifelbaren Tatsache, daß die Welt existiert, auf eine Ursache für diese Existenz schließen will, dann widerspricht diese Annahme unserer wissenschaftlichen Erkenntnis in keinem Punkt. Kein Wissenschaftler verfügt auch nur über ein einziges Argument, oder irgendein Faktum, mit dem er einer solchen Annahme widersprechen könnte. Auch dann nicht, wenn es sich dabei um eine Ursache handelt, die – wie sollte es anders sein – offensichtlich außerhalb dieser unserer dreidimensionalen Welt zu suchen ist.“

Da fällt mir auch noch eine kleine Anekdote ein: Als Papst Pius XII. noch Nuntius in Berlin war, unterhielt er sich oft mit Albert Einstein. An diesem Mann der Kirche habe ihm immer am meisten imponiert, berichtete Einstein später, daß Pacelli den Glauben niemals mit dem Fanatismus des Eiferers, sondern immer mit der Güte des Wissenden vertreten habe. „Ich achte die Religion, aber ich glaube an die Mathematik", hatte Einstein einmal gesagt, „und bei Ihnen, Eminenz, wird es umgekehrt sein!"
„Sie irren", war die Antwort Pacellis, „Religion und Mathematik sind für mich nur verschiedene Ausdrucksformen derselben göttlichen Exaktheit."
Einstein war erstaunt. „Aber wenn die mathematische Forschung nun eines Tages ergäbe, daß gewisse Erkenntnisse der Wissenschaft denen der Religion widersprechen?"
„Ich schätze die Mathematik so hoch", hatte Pacelli lächelnd geantwortet, „daß Sie, Herr Professor, in solchem Fall nie aufhören sollten, nach dem Rechenfehler zu suchen!" (Alle Zitate in: Kontexte, Forum Religion, hrsg. von W. Trutwin, Düsseldorf o.J., S. 43.)

Das alles spricht doch letzten Endes dafür, daß man zu seinem Glauben mit einem großen Selbstbewußtsein stehen kann, daß man nicht, wie das so häufig geschieht, etwas verschämt allenfalls noch durchblicken läßt, daß man etwas glaubt. So ist es meines Erachtens auch notwendig, ein gewisses Selbstbewußtsein des Glaubens gegenüber einer absoluten Wissenschaftsgläubigkeit zu entwickeln. Bei aller Berechtigung wissenschaftlichen Denkens gilt nämlich der Satz von Lohberger: „Wissenschaft: statt vieler kleiner x macht man ein großes." Und Novalis stellt fest: „Wissenschaft ist nur *eine* Hälfte, Glaube ist die andere." Absolute Wissenschaftsgläubigkeit kann auch zum Aberglauben werden. An die Stelle des Glaubens an Gott tritt sehr häufig nämlich der Glaube an alles Mögliche, und sei es bloß der Zufall.

Die Haltung unserer Zeit zum Glauben hat manch merkwürdige Ergebnisse gezeitigt. Ein „modernes Glaubensbekenntnis“ könnte vielleicht folgendermaßen lauten:

Wir glauben an den Wetterbericht,
den Fernsehbericht,
die Statistik,
das Wirtschaftswachstum,
die Astrologie,
die Seelenwanderung,
ja sogar an den Atheismus.
Was wir heutzutage alles zusammenglauben
müssen,
bloß weil wir glauben,
daß wir dann nichts mehr glauben brauchen,
kann man fast nicht glauben.

Trotz allem – Glauben ist und bleibt ein menschliches Grundbedürfnis. Und hat ihn der Rationalismus bei der Vordertür hinausgejagt, kommt er durch die Hintertür als Aberglaube zurück.

Eine kleine Geschichte: Ein berühmter Naturwissenschaftler hält einen Vortrag, in dem er beweist, daß sich unsere Welt rein wissenschaftlich erklären lasse. Unsere Zeit, so schließt er, ist so aufgeklärt, daß für den Glauben einfach kein Platz mehr bleibt.
Nach dem Vortrag lädt er ein paar Leute zu sich nach Hause ein. Wie erstaunt sind die, als sie über seinem Eingang ein Hufeisen hängen sehen.
„Ja so was“, meint da einer lachend, „wie kommt denn ausgerechnet bei Ihnen ein Hufeisen über die Tür? Sie glauben doch nicht im Ernst daran, daß es Ihnen Glück bringen könnte?“
„Natürlich glaube ich nicht an so etwas“, entgegnet der

Professor, „aber ich habe gehört, es soll auch Leuten helfen, die nicht daran glauben."

An diese Geschichte muß ich immer denken, wenn ich höre, daß ausgerechnet in unserer Zeit, in der man dem Glauben immer noch weniger Raum geben will, der Aberglaube aus allen möglichen Ritzen hervorschaut und manchmal sogar beängstigende Formen annimmt. Gerade bei Jugendlichen nimmt eine oft recht gefährliche Spielart des Aberglaubens mit Hexen und Satanskult enorm zu. Das Tischchenrücken ist noch eine der harmlosesten Formen einer recht merkwürdigen Flucht in das Irrationale, das man doch total verdrängt zu haben glaubte. Im schwunghaften Handel mit allen traditionellen Requisiten des Aberglaubens kommen Steinchen, Kettchen, Pülverchen, Geruchsessenzen und dergleichen auf den Markt, denen von den geschickten Verkäufern magische Kräfte angedichtet werden. Man blättere nur in manchen Illustrierten mit obskuren Anzeigen, um zu sehen, was sich hier alles tut.

Joachim-Daniel Anitas sagt: „Aberglaube ist die verschämte Ausflucht der Menschen, die so viel lieber glauben würden." Er teilt die Menschen in zwei Kategorien ein: „die einen, die nur glauben, was sie sehen, und die anderen, die nur sehen, was sie glauben".

Und Stanislav Jerzy Lec unterscheidet zwei Gruppen von Menschen: „Die einen glauben, daß sie glauben, die anderen glauben, daß sie nicht glauben."

Zum Nachdenken und Weiterdenken

Woran glauben Sie eigentlich? Was bedeutet Ihnen dieser Glaube?

In welchen Situationen haben Sie schon einmal Glaubenszweifel bekommen?

Kann der Glaube für Sie eine Antwort auf die Sinnfrage sein?

Hoffnung

Wenn der Herbstwind das letzte Blatt wegtreibt
und der Baum ist ganz leer,
kein Vogel singt mehr,
dann fragst du: Was bleibt?
Was bleibt uns im Leben
zuletzt übrig von dem,
um das man sich plagt,
hinter dem man herjagt,
hinter dem man herrennt?
Was bleibt schon am End'?
Wo bleiben die Sorgen,
wo sind sie schon morgen
oder in einem Jahr?
Wo bleibt das, was war?
Wo bleibt, was noch heut
uns ärgert und freut?
Nichts, an dem nicht die Zeit
dran feilt und dran reibt,
was früh oder spät
nicht wieder vergeht.
Ein Windhauch, und schon:
vorbei und davon. –
Wenn der Herbstwind das letzte Blatt wegtreibt,
bleibt nichts wie die Frage: Was bleibt?

Ja, was ist das Überdauernde, dasjenige, das sich durchhält durch den Wandel der Zeit?

Sinn als uns haltender Sinn kommt nicht von uns selber. Er läßt sich weder mit einer mathematischen Operation errechnen noch in empirischer Forschung beweisen. Sinn schickt sich zu. Um in ihm unsere Rettung zu finden, müssen wir den Sprung wagen, den Absprung in die andere

Ebene des Glaubens und der Hoffnung. Der Sprung verläßt jede sichernde Basis, indem er auf das ganz und gar „andere" zugeht, das uns von jeher Übersteigende, von dem aber allein wir Heil erwarten können.
Die im Tode aufbrechende Sinnfrage stellt uns vor die Entscheidung zwischen Hoffnung oder Verzweiflung. Wir wissen nicht, wer recht hat, Jean-Paul Sartre, der den Ekel als die Grundbefindlichkeit menschlichen Daseins bezeichnet, oder Gabriel Marcel, der dem die Hoffnung als existential entgegenhält. Gleichen wir also dem Blatt, das in ein grundloses Nichts der Sinnlosigkeit fällt, wie es Sartre in dem Film „Das Spiel ist aus" bildlich zum Ausdruck gebracht hat?
Besteht Grund zur Hoffnung, oder müssen wir den Mut sinken lassen? Vielleicht gewinnen wir von den folgenden Überlegungen her einen neuen Zugang zur Sinnfrage.

„Wunder gibt es immer wieder", heißt bekanntlich ein Schlager. Für mich gibt es ein Wunder, das wir vielleicht deswegen so wenig sehen, weil es uns so nahe ist, es liegt nicht einmal vor unseren Augen, sondern ist in uns oder, wenn man so will, wir selber stellen dieses Wunder dar. Dieses Wunder heißt: ich. Da ist einmal das Wunder Leben selbst, die Tatsache, daß etwas überhaupt „ist", daß etwas lebt, atmet, denkt, fühlt.
Da ist aber noch ein anderes Wunder: Die Biologen haben ausgerechnet, daß jeder Mensch sich im Laufe von sieben Jahren biologisch völlig erneuert. Der Körper baut ständig neue Zellen auf und stößt alte ab. Und nach eben diesen sieben Jahren sind wir rein vom „Material" her ein völlig anderer, ein neuer Mensch. Nichts ist mehr beim „alten", nur ich bin immer noch ich. Was ist dieses Ich, das mich „zusammenhält", oder besser gesagt, das sich in mir durchhält? Es ist noch mehr als das Wunder Leben, das sich beispielsweise jedes Jahr ereignet, wenn aus der im Winter tot daliegenden Natur im Frühjahr wieder ein Wachsen und Treiben, Grünen und Blühen geschieht. Es

ist dieses Wunder der menschlichen Person, die um sich selber, ihr Sein, ihr Werden, aber auch ihr Vergehen weiß. Und dieses Bewußtsein ist es, das mit Hilfe des Materiellen, des Körperlichen, aber auch durch es hindurch und darüber hinaus uns uns sein läßt.

Jeder hat dieses Wunder, das uns geradezu schauern läßt, erlebt, wenn er Bilder aus seiner Kindheit betrachtete. Da ist vielleicht die nostalgische Trauer, daß wir etwas verloren haben, etwas, was wir waren, nicht mehr sind. Die Kindheit, ihre Gestalt, ihr Erleben, sie ist unwiederbringlich dahin.

Und trotzdem: wir sind es noch, wir, die wir diesem Bild vielleicht kaum noch ähnlich sind. Und wir werden es auch noch sein, wenn das Alter uns ein wieder völlig anderes Aussehen gibt. Hugo von Hofmannsthal hat seinen Schauer vor diesem „Wunder" in den „Terzinen der Vergänglichkeit" so ausgedrückt:

> Noch spür' ich ihren Atem auf den Wangen:
> Wie kann das sein, daß diese nahen Tage
> fort sind für immer, fort und ganz Vergangenheit?
>
> Dies ist ein Ding, das keiner voll aussinnt
> und viel zu grauenvoll, als daß man klage:
> daß alles gleitet und vorüberrinnt.
>
> Und daß mein eignes Ich durch nichts gehemmt
> herüberglitt aus einem kleinen Kind,
> nur wie ein Hund unheimlich stumm und fremd.

Hofmannsthal befällt geradezu ein „Grauen" vor dieser Tatsache, diesem in allem Gleiten und Vergehen beständigen Ich. Es kann mindestens genausogut freilich auch Anlaß zur Freude sein, daß unser Ich in aller Veränderung Bestand hat.

Die Knospe im Herbst, die ein neues Blatt birgt,
wenn das Laub welk vom Baum fällt, scheinbar Leben erstirbt.

Der Grashalm, der sich durch die Teerdecke zwängt,
die Pflanze, die nach der Sonne sich drängt.

Die Kraft, die im kleinsten Samenkorn steckt,
der Regen, der Dürres zum Leben erweckt.

Die Sonne, die, wenn auch von Wolken umhüllt,
mit Licht und Wärme die Erde erfüllt.

Der Vogel, der singt, wenn noch finster die Nacht,
weil er ahnt, daß schon bald der Tag neu erwacht.

Das Sein, das über das Nichts triumphiert,
das Leben, das stets neues Leben gebiert.

Der farbige Bogen, der wieder das Land
am Ende des Regens weit überspannt.

Die Raupe, die starr am Boden noch liegt,
und als Schmetterling bald in die Lüfte auffliegt.

Der Halm, der nach Sturm sich und Hagel aufreckt.
Die Narbe, die bald schon die Wunde bedeckt.

Die Quelle, die hell aus dem Dunklen entspringt,
die Kraft der Liebe, die Mauern durchdringt.

Das gibt mir Vertrauen, gibt Hoffnung und Mut:
Das Leben ist stärker, das Leben ist gut.

„Solange ich lebe, hoffe ich“, sagt ein lateinisches Sprichwort. Der Sinn des Lebens läßt sich nicht mit hundertprozentiger Sicherheit beweisen. Wir können einen letzten Sinn nur erhoffen und an ihn glauben wollen. Hoffnung ist aber auch etwas, um das man sich bemühen muß: „Die Hoffnung, die das Risiko scheut, ist keine Hoffnung ... Hoffen heißt, an das Abenteuer der Liebe glauben, Vertrauen zu den Menschen haben, den Sprung ins Ungewisse tun und sich ganz Gott überlassen.“ (Dom Helder Camara)

Leben lebt immer von der Hoffnung. Sie ist der „Zehrpfennig des Lebens“.

(Französisches Sprichwort)

Hoffnung ist für das Leben wie Sauerstoff für die Lunge. Wer keine Hoffnung hat, erstickt an der Gegenwart. Hoffnung verändert die Welt.

(Siegfried Lenz)

Es trifft gewiß zu, daß die Hoffnung eine Gnade darstellt. Aber fraglos ist sie eine schwierige Gnade. Man hat sich ihrer oft zu versichern, denn sie ist nicht dazu angetan, sonnigen Erbauungsfrieden zu stiften, sondern weit eher, uns gefaßt zu machen. Wer sich ihr anheimgibt, ist keineswegs gegen alles gefeit. Die Hoffnung schützt vor keinem Pantherbiß! Aber sie läßt erkennen, wessen wir bedürfen, um bestehen zu können. Vielleicht ist die Hoffnung die letzte Weisheit der Narbe. *(Siegfried Lenz)*

„Hoffnung ist nichts anderes als Glauben. *(Jean Cocteau)*

Glaube und Hoffnung sind das Land hinter dem Horizont: Die Hoffnung ist der Regenbogen über dem herabstürzenden Bach des Lebens.

(Friedrich Nietzsche)

Hoffen heißt: die Möglichkeit des Guten erwarten; die Möglichkeit des Guten ist das Ewige.

(Sören Kierkegaard)

Ein Blick in das immer wieder neue Werden und Entstehen der Natur im Frühling kann uns Nahrung für die Hoffnung geben, daß das Leben immer weitergehen wird, daß nach allen Tiefen wieder Höhen die Zuversicht rechtfertigen. Die letzte Zuversicht und Hoffnung ist aber nur da, wo wir uns mit unserem Leben auch aufgehoben sehen, wo wir glauben und hoffen, daß jemand da ist, der alles, was er gemacht hat, auffangen wird, der über allem Werden und Vergehen letzte, endgültige Geborgenheit vermittelt, und daß es kein Ende, sondern nur eine Vollendung gibt.

Zum Nachdenken und Weiterdenken

In welchen Situationen Ihres Lebens wurden Ihre Hoffnungen enttäuscht? Wie haben Sie auf diese Enttäuschungen jeweils reagiert?
Was sind für Sie Zeichen der Hoffnung in einer Welt, in der so manches (Kriege, Umweltzerstörung) Anlaß zur Resignation zu geben scheint?

Hoffnung ist eng verwandt mit Vertrauen, ja gründet geradezu in diesem Vertrauen auf das Leben.

Wer die Zeitung liest,
weiß, wie weit es schon ist.
Jeden Tag eine neue Gefahr:
Wälder sterben dahin,
Kriege ganz ohne Sinn ...
Leider wird mir aufs neue dann klar:
Unserer Erde droht
bald Verderben und Tod.
Und die Zukunft erscheint mir oft grau.
Doch dann schau' ich mich um
und erkenne, warum
ich dem Leben noch immer vertrau':

Jeder Tag, der erwacht
aus dem Finstern der Nacht,
ist ein Zeichen für neuen Beginn.
Jedes Licht in der Welt,
das das Dunkel erhellt,
nimmt die Angst mir ein wenig dahin.
Jeder Stern, der erglüht,
jede Blume, die blüht,
jeder Grashalm, der grünt, und am Baum
jede Knospe, die springt,
ein Stück Hoffnung mir bringt,
daß fürs Schöne noch immer ist Raum.

Jedes freundliche Wort,
das ich hör' da und dort,
jedes Lächeln und frohe Gesicht,
jede Freundschaft,die hält
und durch nichts auf der Welt,
was auch immer geschieht, je zerbricht,

jedes Ja, das man sagt,
auch wenn Sorge uns plagt,
jeder Dank, den ich hör', daß du bist.
Jeder Mensch, der echt liebt,
für den Nächsten sich gibt,
ist ein Zeichen, daß Hoffnung noch ist.

Jedes Kind, das ich seh',
ich als Botschaft versteh',
daß der Herrgott am Menschen noch nicht
seine Freude verlor,
an ihn glaubt wie zuvor.
Und drum glaub' an das Leben auch ich.
Tun wir alle dazu,
ich, wir alle und du,
daß das Leben Zukunft noch hat,
daß noch Hoffnung besteht
und, bevor es zu spät,
auf der Erde sich wendet das Blatt!

„Wetten", sagte er zu mir das letzte Mal, über seinen vermeintlich guten Witz lachend, „wetten, daß es keinen Gott gibt?" Er redet viel von Gott, mein Freund, der mit jedem zweiten Satz allen sagt, daß er ein Atheist sei. Er hat viele Geschichten und Stücke geschrieben, in denen es immer wieder darum geht, daß es „Ihn" nicht gebe. Und er sagt auch immer, wie glücklich er darüber sei, daß „Er" nicht existiere.

Da denke ich immer an einen anderen Bekannten, der mir jedes Mal erzählt, wie froh er sei, ungebunden und allein zu sein, und dabei fühlt jeder seine Sehnsucht nach Kontakt mit anderen, nach einer Familie. Es ist ja eine bekannte Tatsache, daß man in der Situation, in der etwas fehlt, am meisten davon erfüllt ist, daß uns im „Abgehen" sehr häufig etwas „aufgeht". Dieser „Fehl" Gottes ist es auch, der Nietzsches erschütterndes Gedicht entstehen ließ:

> Noch einmal, eh' ich weiterziehe
> und meine Blicke vorwärts sende,
> heb' ich vereinsamt meine Hände
> zu dir empor, zu dem ich fliehe,
> dem ich in tiefster Herzenstiefe
> Altäre feierlich geweiht,
> daß aller Zeit
> mich deine Stimme wieder riefe ...

Können wir eigentlich ohne Gott leben? Die folgende Geschichte vom „Kleinen König beim Atheisten“ beleuchtet, daß das oft gar nicht so einfach ist ...

„Grüß Gott“, sagte der Kleine König.
„Sag bitte lieber ‚Guten Tag‘ zu mir“, sagte der Atheist, „ich bin nämlich Atheist.“
„Atheist, was heißt das?“ fragte der Kleine König.
„Das heißt“, sagte der Atheist, „daß ich an keinen Gott glaube.“
„Und woran glaubst du dann?“ fragte der Kleine König.
„Ich glaube nicht“, sagte der Atheist, „ich weiß.“
„Und woher weißt du, daß du etwas weißt?“ fragte der Kleine König.
„Dazu habe ich meinen Verstand“, antwortete der Atheist.
„Und mit deinem Verstand kannst du alles wiegen?“ fragte der Kleine König weiter.
„Ich glaube schon“, sagte der Atheist. „Alle Menschen haben einen Verstand und können sich deswegen den Glauben sparen.“
„Und woher weiß ich, daß du recht hast?“ fragte nun der Kleine König.
„Das kannst du mir schon glauben“, sagte der Atheist.
„Du glaubst also, daß ich dir glauben kann?“ fragte der Kleine König.
„Natürlich“, antwortete der Atheist.
„Behüt dich Gott“, sagte der Kleine König und machte sich auf die Reise.
„Auf Wiedersehen. Aber ich habe dir doch gesagt, daß du dieses Wort vermeiden sollst“, rief ihm der Atheist nach. „Bin ich froh, daß ich Atheist bin, beim Allmächtigen, Gott sei Dank.“

Die Frage nach Gott hat die Menschen zu allen Zeiten beschäftigt. Die nachstehende Auswahl von Zitaten möchte Sie anregen, sich Ihre eigenen Gedanken zu diesem Thema zu machen:

Es ist wahr, daß man über Gott nicht sprechen kann, aber noch weniger kann man über ihn schweigen.

(Charles Journet)

Das Dasein Gottes beweisen oder bezweifeln, heißt das Dasein des Daseins beweisen oder bezweifeln.

(Jean Paul)

Gott besucht dich öfter, als du glaubst. Es ist nicht seine Schuld, wenn er dich nicht zu Hause antrifft.

(Sprichwort)

Gäbe es keinen Gott, so müßte man ihn erfinden.

(Voltaire)

Mit Gott kann man sich nicht auseinandersetzen, sondern nur zusammensetzen.

(Karl Barth)

Gott stirbt nicht, wenn der Mensch aufhört, nach ihm zu fragen, wohl aber hört der Mensch auf, Mensch zu sein, wenn er die Frage nach Gott nicht mehr stellt.

(Heinz Zahrndt)

Ich habe gehört, daß nur noch die Hälfte aller Deutschen an Gott glaubt. Erstaunlich! Noch erstaunlicher aber, daß Gott seinen Glauben an die Deutschen nicht verloren hat.

(L. A. Bätsch)

Der erste Trunk aus dem Becher der Naturwissenschaft macht atheistisch, aber auf dem Grund des Bechers wartet Gott. *(Werner Heisenberg)*

Der Sinn unseres Lebens ist durch die unabänderliche Tatsache unseres Todes in Frage gestellt. Vielleicht ist der Glaube an einen Gott die Voraussetzung dafür, unser Leben dennoch als sinnvoll empfinden zu können:

Daß nichts, was du schufst, ins Nichts nur verrinnt,
die Liebe am End' über alles gewinnt,
daß zuletzt nicht das Dunkle und Finstere steht,
sondern alles ins Helle und Lichte eingeht,
daß das Letzte nicht Angst ist, nicht Krankheit und Not,
sondern Leben am Schluß triumphiert übern Tod.
Daß kein Weinen und Trauern,
kein Schmerz und kein Leid
umsonst jemals war, und daß unsre Zeit
und unser Leben bekommt einen tieferen Sinn.
Daß du bei mir bist, wenn am Ende ich bin,
daß du deine Hände stets hältst über mich
und daß du uns im Leben läßt niemals im Stich.
Mein Gott, ich will glauben, daß alles so ist,
denn wir haben dein Wort, daß du da für uns bist.

Der Glaube an Gott kann uns Hoffnung machen, daß die Endlichkeit unseres Daseins nicht die letztgültige Wahrheit ist. Der gläubige Mensch ist überzeugt, daß es jenseits der Zeit eine ganz anders geartete Realität gibt – die Ewigkeit.

Ich erinnere mich immer noch an jene Geschichte, mit der man versuchte, uns Kindern einen Eindruck der Ewigkeit zu vermitteln. Kennen Sie sie noch? Irgendwo steht ein Berg aus hartem Granit, dreitausend Meter hoch. Alle hundert Jahre fliegt ein kleiner Vogel an diesem Berg vorbei und wetzt seinen Schnabel daran. Und wenn der ganze Berg abgewetzt ist, ist eine Sekunde der Ewigkeit

vorbei. Ich weiß noch wie heute, daß ich als Kind den Erzähler dieser Geschichte in Verlegenheit brachte, als ich fragte: „Und wieviel Sekunden hat die Ewigkeit?“ Kinder fragen ja bekanntlich oft nach etwas ganz Wesentlichem. So eindrucksvoll die Geschichte auch sein muß, an dieser Frage zeigt sich dennoch, daß sie zwar Bild, aber keine Erklärung ist und natürlich auch gar nicht sein will, denn es soll ja nur die Unvorstellbarkeit der Ewigkeit aufblitzen. Und diese Ewigkeit läßt sich eben nicht mit etwas Zeitlichem und Räumlichem wie in dieser Geschichte erklären. Der Mensch ist ein zeitliches Wesen, und daher ist es für ihn unmöglich, sich diesen Begriff vorzustellen. Und doch ist im Menschen immer ein Verlangen nach dieser Ewigkeit. Nietzsche spricht es aus, wenn er sagt: „Und alle Lust will Ewigkeit, will tiefe, tiefe Ewigkeit.“
In diesem Ruf bricht der Schmerz des Menschen auf, der um das Unaufhaltsame der Zeit weiß, der erkennt, daß Leben ein ständiges Abschiednehmen bedeutet, daß sich die Zeit weder zurückdrehen läßt (allenfalls kurz in die Erinnerung zurückholen), noch zum Verweilen „bewegt“ werden kann, und sei es auch noch so kurz. Auch Goethe weiß um die Flüchtigkeit des Augenblicks, wenn Faust jenen bekannten Wunsch ausspricht: „Verweile doch, du bist so schön.“

Für wen wäre nicht eine „Stoppuhr“, mit der man die Zeit des Glücks und der Freude stillstehen lassen könnte, die großartigste Erfindung überhaupt! Aber es wird sie nie geben, diese Stoppuhr. Wir haben zwar immer vollkommenere Uhren entwickelt, können die Zeit immer besser und genauer messen, aber verlieren wir nicht vielleicht gerade dadurch den Blick für den Sinn der Zeit? Werner Mitsch trifft den Kern des Problems, wenn er sagt: „Wie kann der Mensch die Ewigkeit begreifen, solange er noch mit Zehntelsekunden rechnet“, und: „Wer dauernd auf die Uhr schaut, wird nie hinter die Zeit blicken.“

Hinter die Zeit blicken, das heißt, irgendwie nach dem Sinn der Zeit fragen. Hat dieser Sinn der Zeit nicht irgendwie mit der Ewigkeit zu tun? Wir als zeitliche Wesen können uns, wie gesagt, Ewigkeit gar nicht vorstellen. Wir können uns allenfalls Hilfsvorstellungen denken. Denn auch eine endlos verlängerte Zeit, eine Zeit, die endlos verweilt, ist etwas anderes als die Ewigkeit, ja sie wäre eventuell sogar Langeweile.

Aber die Ewigkeit kann uns doch ganz kurz aufscheinen. Haben Sie noch nie das Erlebnis gehabt, daß in irgendeinem Augenblick etwas von ihr aufblitzt, aufleuchtet?

„Aufscheinen", „aufleuchten", „aufblitzen". Merkwürdigerweise haben diese Worte etwas mit Licht zu tun. Das Ewige leuchtet herein in die Zeit. Und was ist eine Erleuchtung? Doch wohl auch eine Art Begegnung mit dem Ewigen. Plötzlich wird etwas klar, es erscheint in neuem Licht, wir blicken hinter die Dinge, sehen sie in ihrem wirklichen Sein. Der heilige Augustinus vertritt in seiner Philosophie die Auffassung, daß der Mensch nur Mensch werden konnte durch dieses Ereignis der Erleuchtung, dieses Gerufensein vom Ewigen. Und wenn wir hinter die Bilder der Schöpfung des Menschen blicken, dann ist doch das Ereignis, daß der Mensch aus der übrigen Natur herausgehoben wurde, nichts anderes als eine Art Erleuchtung. In dem Augenblick, in dem diesem Wesen zu Bewußtsein kommt, daß es es selber ist und zu sein hat, ist es zum Menschen geworden. Indem der Mensch zum Menschsein gerufen wurde, ist er gleichzeitig über sich hinausgerufen. Der Mensch erkennt die Zeit als etwas Vergängliches. Damit trägt er immer irgendwie einen Maßstab des Nichtvergänglichen, Bleibenden, das Ewige in sich. Und dieses Ewige blitzt, wie wir gesehen haben, in jener Ursehnsucht nach Bestand immer wieder auf. Es ist somit irgendwie Bedingung, der Anfang unseres Menschseins. Liegt da nicht der Gedanke nahe, daß es auch *unsere* Bestimmung, *unser* Ziel ist?

Sehnsucht nach der Ewigkeit – das heißt Sehnsucht nach einer anderen Wirklichkeit, einem „Land“, in dem die Endlichkeit unserer Welt und all ihre Unzulänglichkeiten ihr Ende finden.

Bitte zeig uns das Land,
bitte zeig uns, wo's liegt.
Ich glaub' fest, daß's dies irgendwo
irgendwann gibt.

Dort atmet sich's leicht,
nichts welkt, all's ist grün.
Die Welt kennt nur Leben
und kennt kein Verblüh'n.

Kein Krieg hält in Angst
die Menschheit dort fest.
In Kanonen bau'n Schwalben
und Spatzen ihr Nest.

Man lächelt und freut sich,
wenn man sich sieht,
weil kein Neid und kein Argwohn
mehr zwischen uns liegt.

Alle Wege sind offen,
keine Grenzen sind dort,
Gewalt, Unterdrückung
ist ein unbekannt's Wort.

Kein Mensch mehr muß hungern,
für alle gibt's Brot,
keine Armut, kein Leid,
kein Schmerz, keine Not.

Die Traurigkeit lebt
als Erinnerung nur,
wo man hinschaut, nur Leben,
von Sterben kein' Spur.

Kein' Unruh, kein' Hetze
in dem Land weit und breit,
das Glück schaut auf d'Uhr nicht,
und alles hat Zeit.

Jede Hoffnung wird wahr,
es erfüllt sich Vertrau'n,
denn Gott wohnt bei uns,
wohnt gleich hinterm Zaun.

Bitte zeig uns das Land,
bitte zeig uns, wo's liegt.
Ich glaub' fest, daß's dies irgendwo
irgendwann gibt.

(nach einer Idee von Otto Wiemer)

Vielleicht haben auch Sie schon eine Gotteserfahrung gemacht – die Erfahrung, daß da etwas oder jemand ist, der einen trägt und hält, der unsere Ursehnsucht nach Geborgenheit und Vertrauen erfüllt:

Manchmal, da ist es,
ist es, dieses Es,
von dem ich nichts weiß,
das mich umfängt,
das mir mein Ich nimmt.
Dann such' ich es,
das Du.
Das Du,
auf das ich hoffe,
das Du,
dem ich vertrauen kann,
das Du,
das mich auffängt.
Manchmal, da ist es da,
dieses Es.
Dann hoffe ich auf Ihn,
das Du,
das da *ist,*
das Du,
das *da* ist.

Zum Nachdenken und Weiterdenken

Kennen Sie Redewendungen und Sprichwörter, in denen das Wort „Gott" vorkommt?
In welchem Zusammenhang sprechen Sie von „Gott"?
Welche Vorstellungen verbinden Sie mit dem Begriff „Ewigkeit"?

Zusammenfassung „Lebenseinstellungen“

Können Sie sich noch daran erinnern?

- *Gelassenheit* heißt, in einem richtigen Verhältnis von Anspannung und Entspannung zu leben.

- Das Leben hält trotz aller Probleme und Sorgen so viel Wunderbares für uns bereit, daß wir allen Grund zur *Dankbarkeit* haben.

- Wenn man nur genau hinschaut, gibt es viele Gelegenheiten und Gründe zur *Freude.*

- Nur derjenige kann voll *genießen,* der auch fähig ist zum *Verzicht.*

- *Humor* ist eine Lebenseinstellung, die uns besonders in schwierigen Situationen helfen kann, das Wesentliche im Leben nicht aus dem Auge zu verlieren.

- *Glück* ist nicht machbar, kann aber oft in den alltäglichen, unscheinbaren Lebenssituationen besonders intensiv erfahren werden.

- Die Lebenseinstellung *Zufriedenheit* erreicht man am ehesten dadurch, daß man versucht, sich die Wunder des Lebens bewußt zu machen.

- *Offenheit* und *Vertrauen* sind die Voraussetzungen für *Freundschaft.*

- *Glaube* ist mehr als Wissen, denn er erfordert unsere persönliche Entscheidung für das, was wesentlich ist. Er ist ein Grundbedürfnis des Menschen, und Stanislav

Jerzy Lec spricht zu Recht von den Menschen, die „glauben, daß sie nicht glauben".

- *Hoffnung* ist das, was uns über die Sorgen und Ängste des Lebens hinaus dazu antreibt, unseren Alltag mutig und selbstbewußt zu gestalten.

- Unsere *Sehnsucht* richtet sich auf *Gott* und die *Ewigkeit,* die wir nicht fassen können.